Eobald Toze

Der wahre und erste Entdecker der Neuen Welt, Christoph Colon,

gegen die ungegründeten Ansprüche, welche Americus Vespucci und

Martin Behaim auf diese Ehre machen

Eobald Toze

Der wahre und erste Entdecker der Neuen Welt, Christoph Colon,
gegen die ungegründeten Ansprüche, welche Americus Vespucci und Martin Behaim auf diese Ehre machen

ISBN/EAN: 9783743475311

Hergestellt in Europa, USA, Kanada, Australien, Japan

Cover: Foto ©ninafisch / pixelio.de

Weitere Bücher finden Sie auf **www.hansebooks.com**

Der
wahre und erste Entdecker
der neuen Welt,
Christoph Colon,
gegen
die ungegründeten
Ansprüche,
welche
Americus Vespucci
und
Martin Behaim
auf diese Ehre machen,
vertheidiget

von
C. Tozen
Universitäts-Secretär zu Göttingen.

Göttingen,
verlegts Victorin Bossigel
1761.

Die folgenden zwo Abhandlungen
sind bereits in den Hannover-
schen Beyträgen gedruckt erschienen, und
treten ißo nur mit einigen Verbesserun-
gen und Zusätzen an das Licht. Was
die erste betrifft, so mache ich keinen
Anspruch auf die Ehre etwas neues gesagt, oder eine neue historische Wahrheit erfunden zu haben, sondern gestehe
gerne, daß von verschiedenen Französi-
schen Schriftstellern, und noch zuletzt
von dem Herrn Abt Prevot *), der
Irrthum und das falsche Vorgeben, daß
Ame-

---

*) In der allgemeinen Historie der Reisen, XIII.
Band S. 157. der deutschen Uebersetzung.

Americus Vespucci das feste Land in der neuen Welt zuerst entdeckt habe, genugsam angezeiget, und zum Theile auch bewiesen worden sey. Meine Absicht ist daher keine andere gewesen, als dasjenige, was dieser und andere hie und da beyläufig von der Sache gesagt haben, in einer genauern Ordnung und mehr aneinander hängenden Erzählung vorzutragen, ihre Gründe mit neuen zu bestärken, folglich dasjenige was sie, und ich mit ihnen, als wahr behaupten, in ein grösseres und deutlicheres Licht zu setzen, und endlich alles mit den Zeugnissen der Spanischen Original-Geschichtschreiber zu beweisen. In wie weit ich aber dieser meiner Absicht ein Genügen gethan habe, wird der Prüfung und Entscheidung des geneigten Lesers überlassen.

In der andern Abhandlung habe ich des berühmten deutschen Seefahrers, Martin Behaims, zur See gemachte Entdeckungen untersucht. Wenn ich
hier

hier mit dem Strome hätte schwimmen wollen oder können; so hätte ich behaupten müssen, daß er die neue Welt etliche Jahre eher als **Christoph Colon** entdeckt habe, und also für den ersten Erfinder des itzo so genannten **America** gehalten werden müsse. Denn außer den in der Abhandlung selbst von mir bereits angeführten Schriftstellern sind noch itzo verschiedene, welche dieses für etwas ungezweifeltes ausgeben wollen; und einige haben nicht undeutlich Hoffnung gemacht **Behaims** Verdienste richtiger, als bisher geschehen, der Welt darzustellen, das ist, seine gerühmte Entdeckung des vierten Erdtheiles zu beweisen. Allein ich habe keine Gründe finden können, die mir stark genug geschienen hätten dieses zu bewerkstelligen. Der Erfolg meiner Untersuchung ist also ganz anders ausgefallen, als manche zur Ehre unsers Vaterlandes und Landsmannes ge-

glau-

glaubet haben, oder andere haben glauben machen wollen.

Vielleicht werden einige hiebey denken, daß die ganze Sache nicht von der Wichtigkeit sey, um ihrentwegen so viele Bewegungen zu machen, und daß es uns gleich viel gelten könne, ob Colon, oder Behaim, oder Vespucci den größten Antheil an der Entdeckung der neuen Welt habe, und folglich, ob sie Colonea, oder Bohemia, oder America genannt werde. Allein diese sollten zugleich erwägen, daß es eine allgemeine Schuldigkeit der Gelehrten sey Vorurtheile und Irrthümer aus den Wissenschaften, mit denen sie sich beschäftigen, zu verbannen, und daß die Gesetze der Geschichtkunde insonderheit erfordern die Gerechtigkeit und Unparteylichkeit auf das strengeste zu beobachten, und einem jeden, nach seinen Verdiensten, das, was ihm gebühret, zu geben. Ist es aber
keine

keine ausnehmende Ungerechtigkeit und Parteylichkeit einem großen Manne die Ehre seiner Erfindung zu nehmen, und einem andern, von dem man leicht beweisen kann, daß er sie nicht verdiene, beyzulegen? Dieses kann mit der Treue und Aufrichtigkeit nicht bestehen, die in der Erzählung wichtiger Begebenheiten und Thaten allezeit der Leitfaden des Verfassers seyn soll. In dem Tempel der Geschichte ist die Wahrheit die einzige Gottheit, die man verehren muß. Die Götzenbilder, welche Irrthum und Vorurtheile, Haß oder Liebe, hineingesetzet haben, können darin nicht neben ihr stehen bleiben, sondern verdienen aus demselben herausgeworfen und zerstöret zu werden. Es ist also gar keine Unbilligkeit, sondern vielmehr Gerechtigkeit, Behaimen und Vespucci von der Ehre, welche ihnen einige aus Irrthum oder Parteylichkeit zuerkannt haben, auszuschließen.   So

So habe ich die Sache eingesehen, und nach dieser Einsicht habe ich davon geurtheilet. Wenn inzwischen jemand durch tüchtige Urkunden das Gegentheil zu erweisen im Stande seyn sollte; so werde ich der erste seyn meinen Ausspruch zurück zu nehmen, und einem jeden andern, der besser gegründet seyn wird, beyzutreten.

Beweis,

Beweis,

daß Christoph Colon so wohl das feste Land als die Inseln der neuen Welt zuerst entdeckt habe, und daß dieselbe billig von ihm, und nicht von dem Americus Vespucci zu benennen sey.

Inhalt.

§. 1.

Unrichtige Ursache, aus welcher die Erd-beschreiber den von **Christoph Colon** entdeckten vierten Welttheil **America** genannt haben.

§. 2. Große Ungewißheit der Sage, daß **Christoph Colon** die Nachricht von dem unbekannten vierten Welttheile von einem dahin verschlagenen Schiffer, oder von dem berühmten Deutschen Seefahrer, **Martin Behaim**, bekommen habe.

§. 3. **Christoph Colon** hat, auf seiner dritten Reise, im Jahre 1498, das feste Land in der neuen Welt, und besonders die Küste von **Paria** am ersten entdeckt.

§. 4. Fernere Entdeckung des festen Landes auf seiner vierten Reise.

§. 5. Hieraus gefolgerte Widerlegung des Vorgebens, daß **Christoph Colon** nur einige Inseln und nicht das feste Land entdecket habe.

§. 6. Des Americus Vespucci Beschreibung seiner ersten Reise nach der neuen
Welt, die er in die Jahre 1497 und 1498
setzet.

§. 7. Beschreibung seiner zweiten Reise
in den Jahren 1499. und 1500.

§. 8. Eine andere Beschreibung dieser
zweiten Reise aus einem von ihm an Lorenz
de' Medici geschriebenen Briefe.

§. 9. Diese beiden Beschreibungen seiner
zweiten Reise widersprechen sich. Große
Wahrscheinlichkeit, daß das Schreiben an
Lorenz de' Medici von seiner ersten, und
nicht der zweiten Reise handele.

§. 10. Wahre Nachricht von der ersten
Reise des Americus Vespucci nach der
neuen Welt, die er in den Jahren 1499 u.
1500, auf dem Geschwader und unter den
Befehlen des Alfonso de Ojeda gethan,
welcher ihn als einen Kaufmann und Seefahrer mit sich genommen.

§. 11. Die zweite hat er, auf gleiche Weise, unter eben diesem Befehlshaber, im
Jahre

Jahre 1501 verrichtet. Hieraus folget, daß **Christoph Colon** das feste Land ein Jahr eher, als **Vespucci**, nämlich im Jahre 1498, entdecket, und daß dieser seine erste Reise fälschlich in das Jahr 1497 gesetzet habe.

§. 12. Dieses wird noch mit anderen Gründen erwiesen.

§. 13. **Americus Vespucci** wird von dem Könige von Spanien in Dienste genommen, und ihm aufgetragen Land- und Seekarten von der neuen Welt zu machen, und er nimmt daher Gelegenheit alle darin entdeckten Länder von seinem Namen **America** zu nennen.

§. 14. **Diego Colon**, **Christoph Colons** Sohn, beweiset gerichtlich, daß sein Vater nicht allein die Inseln, sondern auch das feste Land des vierten Welttheiles zuerst entdecket habe. **Americus Vespucci** hat sich also dieser Ehre, mit Unrecht, angemaaßet.

A 3 §. 15.

§. I.

§. 1.

Tugend und Verdienst sind zwar präch=
tige und glänzende Namen, die aber
keinem ein Recht zu einer gewissen
Belohnung oder einem vorzüglichen Glücke
geben. So gar der Ruhm, welchen man
für ihren unzertrennlichen Gefährten aus=
giebt, ist etwas sehr zweifelhaftes und miß=
liches. Betrug und Neid, und viele klei=
ne und zufällige Umstände können denselben
zerstören, und dem Helden die mit schwerer
Arbeit und Ungemach erlangte Lorbeeren
von dem Haupte reißen und einem Unwür=
digen aufsetzen. Dies ist oft das Schicksal
großer Männer, und besonders der Erfin=
der neuer Künste oder neuer Wahrheiten
gewesen. Je wichtiger die Dienste waren,
die sie dem menschlichen Geschlechte durch

ihr

ihr Nachdenken und durch ihre Bemühungen erwiesen, desto weniger sind sie zuweilen erkannt und belohnet worden. Ist es
also wol zu verwundern, daß der große Colon *a*), der Erfinder nicht einer neuen Kunst
oder

a) Insgemein wird er Columbus genannt. Die I-
taliäner nennen ihn Colombo, und die Spanier
insgesamt Colon, wenn ich den Oviedo ausneh-
me, der ihn in seiner Historia general de las Indias beständig Colom schreibet. In den offenen
Briefen der Könige von Spanien wird er so
wohl, als in der berühmten Bulle des Pabstes
Alexanders VI, worin dieser jenen die neue Welt
schenket, gleichfalls Colon genannt; wiewohl der
gemeine Name Columbus doch in dem Abdrucke
dieser Bulle, der sich in dem Corpore Iuris Ca-
nonici, in VIImo Decretal. Lib. I. Tit. IX. Cap. I.
befindet, beybehalten ist. Aber in den Abdrücken
derselben, die man bey dem Raynald in Conti-
nuatione Annal. Baronii und in den Spanischen
Schriftstellern findet, heißt er immer Colon. Der
P. Pedro Simon en las Noticias Historiales de las
Conquistas de Tierra firme en las Indias Occidentales, prim. Notic. Cap. XIV. n. I. p. 44. sagt, daß
man in Spanien von dem Namen Colombo, wie
er eigentlich geheissen, die letzte Sylbe und einen
Schenkel des m, wegen der bequemern Ausspra-
che, weggenommen, und ihn folglich Colon ge-
heißen habe. Und hieraus ist auch der lateinische Name Colonus, welchen einige Schriftsteller
gebrauchen, entstanden. Sein Sohn, Don Ferdinand Colon, der sein Leben beschrieben, ist in
diesem Punkte etwas dunkel. Er meldet, daß,
obgleich sein Geschlechtsname damals Columbus
gewesen, er sich doch, als er nach Spanien gekommen,

oder einer neuen Wahrheit, ſondern einer
neuen Welt, ein gleiches Schickſal erfahren, und ungeachtet ſeiner von jedermann
erkannten Verdienſte, ein ſo widriges Glück
aus-
men, Colon genannt, um ſich nach dem Lande,
worin er ſich niederließ, und in einen neuen
Stand kam, zu richten: wiewol er zugleich an-
zudeuten ſcheinet, daß er den ehemaligen Namen
ſeiner Vorfahren, die in ältern Zeiten Coloni geheiſſen, wieder hergeſtellet habe. S. The Hi-
ſtory of the Life and Actions of Adm. Chriſtopher
Columbus and of his Diſcovery of the Weſt-Indies,
written by his own Son, Don Ferdinand Columbus, Ch. I. Dieſe Lebensbeſchreibung iſt in der
Collection of Voyages ad Travels, welche Ans-
ham und John Churchill, in dem 1704ten und
den folgenden Jahren, in acht Foliobänden zu
London an das Licht geſtellet, im 2ten Bande, S.
557 bis 688. befindlich. Sie iſt urſprünglich in Spa-
niſcher Sprache unter dem Titel: Hiſtoria del Al-
mirante, Don Chriſtoval Colon, heraus gegeben,
aber in Spanien ſelbſt wenig bekant. Alphon-
ſus de Ulloa hat ſie in das Italiäniſche überſetzet,
und in dieſer Sprache iſt ſie zweymal zu Venedig
in den Jahren 1571. und 1618. in 8. gedruckt worden. S. NICOLAI ANTONII Biblioth. Hiſpan.
Art. Ferdinandus Colon. Da alſo ſo viel gewiß
iſt, daß Chriſtoph Colombo ſeinen Namen ſelbſt
in Colon verwandelt; und da auch ſeine Nachkommen denſelben immer beybehalten haben: ſo
halte ich dafür, daß man ihn gleichfalls alſo, und
nicht Columbus oder Colombo ſchreiben müſſe.
Uebrigens iſt unſer Chriſtoph Colon allerdings,
wie EVERARD OTTO in Notitia Rerumpublic.
Cap. III. §. XX. n. (1) anmerket, von einem gewiſſen Chriſtoph Columbus, der auch um dieſe

A 5   Zeit,

ausgeftanden habe? Spanien, welchem
feine Entdeckung die erften und wichtigften
Vortheile gebracht, bezahlete ihn mit Un=
dank, und Europa

> Raubet' ihm feinen Ruhm, und dryckte
> den kleineren Namen
> Eines verwegnen Räubers, auf feinen er=
> fundenen Welttheil b).

Colons neue Welt ward alfo durch eine
augenfcheinliche Ungerechtigkeit, von dem
Americus Vespucci, der Dreiftigkeit und
Eitelkeit genug hatte fich einer ihm nicht
gebührenden Ehre anzumaaßen, America
genannt. Und was hiebey das feltfamfte
ift, fo haben die Erdbefchreiber insgemein,
und

Zeit, oder nicht lange zuvor gelebet hat, unter=
fchieden. Derfelbe war ein Franzöfifcher See=
officier, und hatte im Jahre 1474. zwo Sicilia=
nifche Galeeren auf ihrer Rückreife aus England
und den Niederlanden weggenommen und berau=
bet; weswegen Ferdinand König von Neapel und
Sicilien von Ludewig XI. König von Frankreich
die Zurückgebung der Galeeren und Genugthuung
durch einen Herold fordern ließ. Die zwifchen
den beiden Königen deswegen gewechfelten Brie=
fe findet man in LEIBNITII Cod. Iur. Gent. Di-
plomat. Prodrom. n. XVII, XVIII.

b) Die COLOMBONA des Herrn Bodmers S. 5.

und viele andere berühmte Männer c.) hievon die Ursache angegeben, daß Christoph
Colon nur einige Inseln in dem vierten
Welttheile, Americus Vespucci aber das
feste Land zuerst entdecket habe; eine Ursache, die schlechterdings unrichtig ist, weil
die vornehmsten und ansehnlichsten Spanischen Geschichtschreiber einstimmig melden,
daß dieses letztere ebenfalls von Colon geschehen sey; wie ich alsobald zeigen werde.

§. 2.

Jedoch um den Ruhm, den sich Colon
durch seine Entdeckung erworben, etwas zu
vermindern, oder wenigstens zweifelhaft zu
machen, haben einige dieser Schriftsteller
zugleich eine gemeine Sage angeführet, daß
er die Nachricht von dem bisher unbekanten Welttheile von einem Schiffer oder
Steuermann, der durch einen Sturm sehr
weit nach Westen verschlagen, und an gewisse Inseln getrieben worden, bekommen hätte.
Sie merken dabey an, daß dieser Schiffer
oder

c) Philipp. Cluverus in Introd. in Geogr. Lib.
VI. Cap. XL p. 138, Id. in Epit. Hist. Mundi Lib.
X. p. 643. (Edit. Wratislav. 1679. 4.) Les Oeuvres
de Mr. de la Mothe le Vayer, Tom. I. p.
748. (Edit. de Paris 1654. fol.) Christoph. Cellarius in Hist. Vniuers. P. II. p. 203.

oder Steuermann, nach einigen, ein An=
daluſier, nach andern ein Biſcajer, und
nach noch andern ein Portugieſe geweſen
ſeyn ſoll cc). Aber gleichwie ſein Name un=
bekannt iſt d); alſo kann auch keiner von den
Geſchichtſchreibern, die dies Gerüchte mel=
den, die eigentlichen Umſtände, den Ort und
die Zeit dieſer Begebenheit beſtimmen, ſon=
dern ſie erklären ſie entweder für falſch dd),
oder doch für ſehr ungewiß e). Ein neuerer
Deutſcher Schriftſteller gehet indeſſen über
alle dieſe Schwürigkeiten hinweg, und will
ſeinen Landesleuten, weil ſie das Schieß=
pulver und die Buchdruckerkunſt erfunden
haben, auch die Ehre der Entdeckung des
vierten Welttheils zuſchreiben f). Daher
iſt,

cc) FRANCISCO LOPEZ DE GOMARA en la Hiſtoria de las Indias, Parte I. fól. 10. a.

d) Einige nennen ihn Alfonſo Sanchez, aber ohne
Grund. Vid. Jo. SOLORZANVS de Indiarum Jure
Lib. I. Cap. V. n. 4.

dd) GONZALO HERNANDEZ DE OVIEDO en la
Hiſtoria general de las Indias, Lib. II. Cap. II.
fol. 2. b. & 3. a. Conf. HIERONYMI BENZONIS
noua noui Orbis Hiſtoria. Lib. I. Cap. V. p. 18-22.

e) JUAN DE MARIANA en la Hiſtoria general de
Eſpaña Lib. XXVI. Cap. 3.

f) Jo. FRID. STVEVENII de vero Novi Orbis
Inventore Diſſertatio Hiſtorico-Critica, in praef.

ist, seiner Meynung nach, Martin Behaim der Schiffer gewesen, welcher dem
Colon die erste Nachricht von der neuen
Welt gegeben hat *g*), und Martin Behaim
hat dieselbe, so wie die Magellanische Meerenge, schon lange vor dem Colon entdeckt;
ja, was noch mehr, eine Landkarte gemacht,
worauf diese Entdeckungen verzeichnet gewesen, und welche nicht allein Colon gesehen und gebraucht, sondern wornach sich
auch Magellan, als er die von seinem Namen nachgehends benannte Meerenge fand,
gerichtet haben soll *h*). Alles dieses sagt er
so zuversichtlich, als wenn es gar keinem
Zweifel unterworfen wäre; und auf dieser
Erzählung von Behaims Landkarte sucht
er vornemlich die Ehrensäule zu gründen,
welche er diesem berühmten Seefahrer für
seine vermeynte Entdeckung der neuen Welt
aufrichten will. Aber vielleicht ist diese Landkarte, worauf die Magellanische Meerenge
nebst der Küste des festen Landes von Westindien abgebildet seyn, und welche er dem
Könige Alfonsus V. von Portugall über-
reichet haben soll, eben ein solches Mähr-
gen, als dasjenige, welches der bekannte
Por-

g) Id. p. 42. 46. 48.
h) Id. p. 41. 42. 46. 50.

Portugieſiſche Geſchichtſchreiber Manuel de Faria y Souſa von einer weit ältern Landkarte erzählet, welche Don Pedro, Herzog von Coimbra, König Johannis I. von Portugal Sohn, von ſeinen im Anfange des funfzehnten Jahrhunderts gethanen Reiſen mit ſich gebracht haben ſoll. Auf derſelben iſt die ganze Erdkugel vorgeſtellet geweſen. Die Magellaniſche Meerenge hat darin Cola de Dragon, d. i. Drachenſchwanz, und das Vorgebirge der guten Hoffnung, Frente de Africa, d. i. die Stirne von Africa geheiſſen. Sein Bruder, der durch ſeine Wiſſenſchaft in der Schifffahrt und durch ſeine Entdecküngen ſo berühmte Infant Henrich hat, wie der gemeldete Schriftſteller hinzu fügt, ſich dieſer Landkarte mit großem Nutzen bedienet. Und weil in dem Jahre 1528. in dem Archive des Kloſters zu Alcobaza eine ſolche wahrſcheinlich vor 120 Jahren verfertigte Landkarte gefunden worden; ſo glaubet er, daß es eben dieſelbe geweſen ſey, welche Don Pedro mit ſich gebracht hatte i). Hieraus ließe ſich eben ſo gut ſchließen, daß Martin Behaim dieſe Landkarte, die ſo lange

vor

---

i) MANUEL DE FARIA Y SOUSA in Europa Portugueſa Tom. II. Part. III. Cap. I. n. 178. p. 334.

vor seiner Zeit in Portugal gewesen seyn
soll, gesehen, und daraus die seinige ge=
macht habe, als Stüven behaupten will,
daß Colon Behaims Landkarte gebraucht,
und daraus seine Kentniß von der neuen
Welt hergeholet habe. Die andern Grün=
de dieses Schriftstellers, wodurch er seinen
Behaim zum Erfinder dieser neuen Welt
machen will, sind so seichte, daß sie gar
keinen Beyfall gefunden haben, und von
den Gelehrten für dasjenige, was sie wirk=
lich sind, nämlich für schwach und unzuläng=
lich erkant worden seyn *ii*). Daher will ich
mich nicht dabey aufhalten, sondern nur
darzuthun suchen, daß Christoph Colon,
so wie den vierten Welttheil überhaupt,
also auch das feste Land in demselben, zu=
erst entdecket habe, und hernach die Kunst=
griffe zeigen, die Americus Vespucci ge=
braucht hat, um ihm die Ehre seiner Entde=
ckung zu rauben, und dieselbe sich zuzueignen.

§. 3.

Nachdem die Könige von Spanien, Fer=
dinand und Isabella ihm, im April des
Jah=

ii) In der folgenden Abhandlung soll weitläuftiger
gezeiget werden, wie wenig die Ansprüche, wel=
che einige Gelehrten für Behaimen auf die Ent=
deckung der neuen Welt machen, gegründet seyn.

Jahres 1492. die Bedingungen zugestan=
den hatten, unter denen er die versprochene
Entdeckung verrichten wollte, und worunter
die vornehmsten diese waren, daß er und
seine Erben die Würde eines Admirals, Un=
terkönigs und Statthalters in den Inseln
und den Ländern, die er entdecken würde,
beständig bekleiden solten *k*); so that er noch
in demselben Jahre seine erste Reise, und
entdeckte die Inseln **Guanahami, Cuba** *l*)
und **Española** *m*).   Die zweyte, welche er
in dem folgenden Jahre antrat, daurete bis
1496. und es ward darin die Insel **Jamai=**
ca *n*), nebst vielen andern, welche hier zu
erzählen unnöthig ist, entdecket.   Seine
dritte Reise war für ihn die beschwerlichste
und

k) Life of Columbus Ch. XIV. XV. p. 577. 578. Antonio de Herrera en la Historia general de
los Hechos de los Castellanos en las Islas y Tierra
firme del Mar Oceano, Dec. I. Lib. I. Cap. X. p.
17, 18.

l) Life of Columbus Ch. XXVII. p. 588. Herrera
Dec. I. Lib. I. Cap. XIII. p. 30.

m) d. i. die Spanische Insel.   Er nannte sie also,
weil er darin eben solche Bäume, Vögel, Fische, 2c.
wie in Spanien fand.   Herrera Dec. I. Lib.
I. Cap. XV. p. 33. Insgemein ist sie aber hernach
Hispaniola genant worden.

n) Life of Columbus Ch. LV. p. 615. Herrera
Dec. I. Lib. II. Cap. XIII. p. 67.

und unglücklichste, aber zugleich die merk=
würdigste, weil er auf derselben das feste
Land gefunden hat. Den 30. May 1498.
gieng er zu St. Lucar de Barrameda
mit sechs Schiffen unter Segel nach der
Insel Madera, und von dort nach der
Insel Ferro, wo er drey seiner Schiffe
nach Española mit Lebensmitteln für die
daselbst von ihm angelegte Pflanzstadt sand=
te. Hernach richtete er seinen Lauf nach
den Inseln des grünen Vorgebirges,
und von hier weiter nach Südwesten, bis
er im Heumonate unter den 5ten Grad
nördlicher Breite kam, wo die Hitze so
groß war, daß die Bänder von den Was=
ser=und Weinfäßern sprangen, der Wei=
zen sich entzündete, und das gesalzene Fleisch
nebst den Schinken sich zu erhitzen und zu
verfaulen anfieng. Er segelte also nord=
westwärts, und kam am 2. Aug. bey einer
Insel an, worauf drey große Berge wa=
ren. Diese nannte er Trinidad o). Er
fuhr bis zur westlichen Spitze derselben,
welcher er den Namen Punta del Arenal
gab

o) Life of Columbus Ch. LXVII -LXVIII. p. 637-
639. GOMARA P. I. fol. 47. b. HERRERA Dec.
I. Lib. III. Cap. XI. p. 105.

B

gab, und von hieraus entdeckte er, in ei=
ner Weite von funfzehen Seemeilen in
Norden, ein Vorgebirge, welches er für
die Spitze einer Inſel hielte, das aber das
feſte Land Paria war, ſo wie er es, mit
den Einwohnern, nannte p). Er ſegelte
gegen daſſelbe heran, und kam zu der Mün=
dung des Meerbuſens von Paria, zwi=
ſchen welchem und den beyden weſtlichen
Spitzen der Inſel Trinidad das Waſſer
mit einer ſolchen Heftigkeit brauſete, daß
ſeine Schiffe dadurch in nicht geringe Ge=
fahr geriethen. Und daher nannte er dieſe
gefährliche Meerenge, Boca del Drago,
d. i. Drachenſchlund, welchen Namen ſie
hernach beſtändig behalten hat q). Er
ſetzete ſodann ſeinen Lauf an der Küſte von
Paria weſtwärts durch dieſe Meerenge
fort, und ſchickte zu verſchiedenen malen
Boote an das Land, welches er ſehr ange=
nehm befand, und es daher wegen der groſ=
ſen und ſüßen Waſſerflüſſe, der herrlichen
grü=

p) OVIEDO Lib. III. Cap. III. fol. 23. a. Life of
Columbus Ch. LXXI. p. 642. HERRERA Dec. I.
Lib. III. Cap. XI. p. 105.

q) PETRUS MARTYR ANGLERIUS de Orbe No-
uo Dec. I. p. 62. (Edit. Paris 1587. 8.) Life of
Columbus Ch. LXIX. LXX. p. 640. 641. HERRE-
RA Dec. I. Lib. III. Cap. X. p. 101-103.

grünen Bäume und der lieblichen Luft, für
das irdische Paradies hielte r). Er ent=
deckte hier unter andern die Inseln Mar=
garita und Cubagua, welche letztere her=
nach, wegen des dortigen reichen Perlen=
fanges, die Perleninsel genannt worden
ist s). Uud weil er sahe, daß das Land
sehr weit westwärts lief; so erkannte und
glaubte er endlich, daß es keine Insel, son=
dern festes Land wäre t). Er setzete sei=
nen Lauf noch immer westwärts bis zu ei=
nem gewissen Vorgebirge fort, welchem
er, weil er daselbst Indianer sahe, die in
einem mit Segeln versehenen Kahne fuh=
ren, den Namen Cabo de la Vela gab u).
Dieser Strich Landes, längst welchem er
von dem Drachenschlunde bis zu diesem
Vorgebirge gesegelt war, machte 180 v),

ober

---

r) GOMARA P. I. fol. 47. b. HERRERA Dec. I.
　　Lib. III. Cap. XI. XII. p. 103-107.

s) OVIEDO Lib. III. Cap. III. fol. XXIII. b. Life of
　　Columbus Ch. LXXII. p. 642. 643. HERRERA
　　Dec. I. Libr. III. Cap. XI. p. 106.

t) PETR. MARTYR ANGLERIUS Dec. I. p. 66.
　　Life of Columbus Ch. LXXII. p. 643. HERRE-
　　RA l. c.

u) OVIEDO Lib. III. Cap. III. fol. 23. b. GOMA-
　　RA P. I. fol. 42. b. 47. b.

v) OVIEDO l. c.

B 2

oder nach anderen, 320 Seemeilen aus w)
Er hätte dieſes Land gerne genauer unter=
ſucht: aber weil ſeine Lebensmittel verdor=
ben waren, und er ſich, durch allzu vieles
Wachen, eine Augenkrankheit zugezogen
hatte, ſo, daß er ſelbſt keine Wahrneh=
mungen anſtellen konte; ſo beſchloß er, ſei=
nen Bruder, Don Bartolomeo Colon,
der in Eſpañola war, hieher zu Fortſetzung
der Entdeckungen zu ſenden, und nahm
alſo ſeinen Weg nach dieſer Inſel, wo er
am 22. Aug. ankam x). Hier ſand er
alles in groſſer Bewegung und Unruhe.
Er hatte, als er im Jahre 1496. von E=
ſpañola nach Spanien reiſete, ſeinen
Bruder, Don Bartolomeo, als ſeinen
Verweſer daſelbſt zurück gelaſſen, und auf
ſeinen Todesfall, ſeinen jüngeren Bruder,
Don Diego zu ſeinem Nachfolger ernannt,
Franciſco Roldan aber zum Alcalde Ma=
jor oder Oberlandrichter beſtellet y). Die=
ſem als einem hochmüthigen und unruhi=
gen Manne, mißfiel es ſehr, daß er unter
Don Bartolomeo ſtehen ſollte. Er zog
da=

w) GOMARA p. I. fol. 14. a.

x) Life of Columbus Ch. LXXIII. p. 643. HERRE-
RA Dec. I. Lib. III. Cap. XI. XII. p. 104-110.

y) HERRERA Dec. I. Lib. III. Cap. I. p. 81.

daher viele ihm gleich gesinnete Castilia=
ner auf seine Seite, und machte einen förm=
lichen Aufstand z). Der Admiral Colon
suchte, nach seiner Zurückkunft von der Kü=
ste Paria, diese Unruhen in der Güte zu
stillen, und verglich sich, so gut er konte,
mit Roldan, der aber den Vergleich nicht
hielte a). Hierauf sandte der Admiral den
Alcalde Michael Ballester und Garcia
de Barrantes mit seinen Beschwerden wi=
der Roldan nach Castilien, und dieser
schickte von seiner Seite auch einige Per=
sonen dahin mit Briefen, worin er über
den Admiral und seine Brüder grosse Kla=
gen führete b). Und weil der Admiral
gebeten hatte jemanden zu Untersuchung
dieser Sache nach Espaňola zu senden; so
nahmen König Ferdinand und die Köni=
ginn Isabella daher Gelegenheit, ihn sei=
ner Statthalterschaft zu entsetzen, und fer=
tigten im Jahre 1500. Francisco de Bo=
vadilla, Rittern von Calatrava, in sol=
cher Würde dahin ab c). Dieser ließ den
Admi=

z) HERRERA Dec. I. Lib. III. Cap. VII. p. 92-94.

a) Id. Dec. I. Lib. III. Cap. XIII-XVI. p. 110-118.

b) Id. Dec. I. Lib. III. Cap. XVI. p. 119. 120.

c) Id. Dec. I. Lib. IV. Cap. VII. p. 138. 139.

Admiral und ſeine beyden Brüder, Don
Bartolomeo und Don Diego Colon,
nachdem er die Klagen wider ſie gehöret
hatte, alſobald gefangen nehmen, und
ſchickte ſie in Feſſeln zu Schiffe, worin ſie
nach Spanien geführet wurden d). In
dieſem Aufzuge kam er am 25. Nov. 1500.
zu Cadiz aus der neuen Welt an, für deren Entdeckung man ihn, einige Jahre zuvor, gleichſam als einen Triumphirenden
empfangen hatte. Der König und die Kö-
niginn gaben jedoch alſobald den Befehl
ihm und ſeinen Brüdern die Ketten abzuneh-
men. Sie verſicherten ihn auch, daß ſeine ſchimpfliche Gefangenſchaft wider ihren
Willen geſchehen wäre; ſie verſprachen ihm
Genugthuung für alles erlittene Unrecht,
und die Erhaltung ſeiner Vorrechte e).
Nicolas de Obando, Ritter von Alcan-
tara, ward von ihnen auch bald darauf
als Statthalter nach Eſpañola geſandt,
mit dem Befehle, wider den Bovadilla
und Roldan, wegen des von ihm verübe-
ten

d) OVIEDO Lib. III. Cap. VI. fol. 26. a. HERRE-
RA Dec. I. Lib. IV. Cap. X. p. 145. 146.

e) OVIEDO Lib. III. Cap. VI. fol. 26. b. HERRE-
RA Dec. I. Lib. IV. Cap. XI. XII. XIII. p. 149-
155.

ten Unfugs, Unterſuchungen anzuſtellen f).
Aber aus eben dieſem Verfahren ſahe er,
daß ſie noch nicht Willens waren ihn
wieder in ſeine Statthalterſchaft einzu=
ſetzen.

§. 4.

Ungeachtet aller dieſer Widerwärtigkei=
ten und Beleidigungen unternahm er, aus
Begierde die Entdeckung des feſten Lan=
des fortzuſetzen, dennoch die vierte Reiſe
nach Weſtindien. Er trat dieſelbe am 9.
May 1502. von Cadiz an, und ſegelte nach
St. Domingo, der von ihm auf der In=
ſel Eſpañola angelegten Pflanzſtatt, um
eines ſeiner Schiffe, welches nicht gut ſe=
gelte, gegen ein anderes zu vertauſchen,
und einem großen Sturme, den er vorher
ſahe, auszuweichen. Aber der neue Statt=
halter Obando wolte ihm nicht verſtatten
in den Hafen einzulaufen. Er überſtund
jedoch dieſen Sturm glücklich, in welchem
ſeine Feinde Bovadilla und Roldan, die
kurz zuvor in See gegangen waren, zu
Grunde giengen g) Hierauf ſegelte er
weſt=

f) HERRERA Dec. I. Lib. IV. Cap. XI. XII. XIII.
p. 149-155.
g) Life of Columbus Ch. LXXXVIII. p. 661. 662.
HERRERA Dec. I. Lib. V. Cap. II. p. 159. 160.

B 4

weſtwärts, und kam am 12. Sept. nach
einer beſchwerlichen Schifffahrt, zu einem
Vorgebirge des feſten Landes, welches er
Cabo de Gracias a Dios nannte *h*).
Von hier gieng er ſüdoſtwärts nach der Küſte von Veragua, und kam am 2. Nov.
zu einem großen und treflichen Hafen, welchem er daher den Namen Portobelo
gab *i*). Weiter oſtwärts entdeckte er einen andern Hafen, welchen er, weil in
dieſer ganzen Gegend und den herumliegen-
den kleinen Inſeln viel indianiſches Korn
war, Puerto de Baſtimentos nannte,
und den 24. Nov. lief er in einem andern
kleinen und engen Hafen ein, welchen er
Retrete hieß *k*). Der Strich des feſten
Landes, welchen er auf dieſer Reiſe entdecket hatte, war 190. bis 200. Seemeilen lang *l*). Den 5. des Chriſtmonats
ſegelte er weſtwärts zurück, weil er die
Landſchaft Veragua, wo nach dem Be-
richte

h) Life of Columbus Ch. XC. p. 664. HERRERA
Dec. I. Lib. V. Cap. V. VI. p. 165-168.

i) Life of Columbus Ch. XCII. p. 667. 668. HER-
RERA Dec. I. Lib. V. Cap. VII. p. 170. 171.

k) Life of Columbus Ch. XCIII. p. 669. HERRE-
RA Dec. I. Lib. V. Cap. VIII. p. 171. 172.

l) OVIEDO Lib. III. Cap. IX. fol. 29. b.

richte der Indianer viel Gold seyn sollte, zu
besehen gedachte. Den 6. Jenner kam er
daselbst an, und lief in einen Fluß ein,
den er Belem oder Bethlem nannte. Er
schickte seinen Bruder Don Bartolomeo
in das Land, um davon Erkundigung ein-
zuziehen. Und weil daßelbe gut war, und
Gold darin gefunden ward; so beschloß er
eine Pflanzstatt in **Veragua** *m*) an dem
Fluß-

m) MARIANA Lib. XXVI. Cap. 3. sagt, daß dem
Admiral Colon von diesem Lande der herzogliche
Titel beygeleget worden sey. Allein dies ist unrichtig, und sein Enkel Don Luis Colon, ward
erst von dem Kayser Carl V. zum Herzoge von
Veragua und Marquis von Jamaica erkläret;
wogegen er sich durch einen Vergleich der erbli-
chen Statthalterschaft in den von seinem Groß-
vater entdeckten Ländern begeben mußte. GOMA-
RA Part. I. fol. 29. b. Le P. de CHARLEVOIX
dans l'Histoire de l'Isle Espagnole ou de St. Domingo Tom. I. Liv. VI. p. 477. (Edit. de Paris
1730. 4) Daher ist auch unrichtig was der Abt
de VAYRAC dans l'Etat présent de l'Espagne
Tom. III. p. 170. sagt, daß Don Diego Colon,
des Admirals Christoph Colons Sohn, im Jahre 1537. zum Herzoge von Veragua gemacht worden. Denn dieser Don Diego war schon 1526.
gestorben. OVIEDO Lib. IV. Cap. VI. fol. 41.
b. Uebrigens will ich hier noch beyläufig an-
merken, daß von dem Admiral Don Christoph
Colon keine männliche Nachkommen mehr vorhanden sind. Der Name Colon und der herzogliche Titel von Veragua aber ist durch die weib-

lichen

Fluße **Belem** anzulegen , und gedachten seinen Bruder daselbst als seinen Verweser zu laſſen. Es waren auch ſchon zwölf Häuſer gebauet: allein die Indianer, welche in dieſer Gegend ſehr kriegeriſch waren, griffen die Pflanzſtatt an, und der Admiral ſahe ſich genöthiget, die Caſtilia= ner, weil ſie nicht ſtark genug waren den Indianern zu widerſtehen , wieder zu Schiffe gehen zu laſſen *n*). Er gedachte nunmehr nach der Inſel **Eſpañola** zu ſe= geln: aber die beyden Schiffe, die er noch übrig hatte, waren ſo übel zugerichtet und von den Würmern ſo zerfreſſen, daß er ge= gen das Ende des Brachmonats bey **Ja= maica** auf den Strand laufen mußte *o*). Von hier ſandte er einige der Seinen in Indianiſchen Kähnen nach **Eſpañola**, und bat

lichen **Erben** erſtlich auf die Grafen von Gel= ves, aus dem Hauſe **Braganza** , und hernach von dieſen auf das Haus **Barwick-Liria** ge= kommen. S. des Herrn Raths **Gebhardi** hiſt. und geneal. Erläuter. der europäiſchen kayſer= und königlichen Häuſer 1. Th. S. 68. und 123.

n) Life of Columbus Ch. XCV-C. p. 672-678. HERRERA Dec. I. Lib. V. Cap. X. p. 175. 176. Lib. VI. Cap. I. & II. ¡p. 183 - 187.

o) Life of Columbus Ch. C. p. 679. HERRERA Dec. I. Lib. VI. Cap. II. p. 157. 188.

bat den Statthalter um ein Schiff, das
ihn abholen mögte. Dieser aber schlug
solches ab, und erlaubte bloß, eines in
St. Domingo mit des Admirals Gelde
zu kaufen. Und daher verging ein gan=
zes Jahr, ehe es in Jamaica ankam.
Mit diesem segelte er, nachdem er unter
dessen die größte Noth und vieles Unge=
mach von einigen aufrührischen Spaniern
ausgestanden hatte, nach Española, und
kam am 13. Aug. 1504. zu St. Domin=
go an, von wannen er in kurzem nach
Spanien abreisete p).

§. 5.

Diese kurze Erzählung beweiset augen=
scheinlich, wie falsch das Vorgeben sey,
daß der Admiral Colon nur einige Inseln,
und nicht das feste Land entdecket habe.
Es ist ein ziemlich großer und auf 400.
Seemeilen betragender Strich des festen
Landes, den er auf seinen beyden letzten
Reisen befahren hat, und die von ihm ver=
schiedenen Oertern und Gegenden daselbst
gegebenen Namen, die noch dauren, sind
da=

---

p) Life of Columbus Ch. CI. p. 680. Ch. CV. p. 685.
Ch. CVIII. p. 687. HERRERA Dec. I. Lib. VI.
Cap. III. p. 189-191. Cap. XII. p. 207. 208.

davon ein beſtändiges Denkmal *pp*). In=
ſonderheit wird die auf ſeiner dritten Reiſe
im Jahr 1498. geſchehene Entdeckung des
feſten Landes von den Spaniſchen Geſchicht=
ſchreibern ausdrücklich die erſte, die jemals
geſchehen ſey, genannt *q*). Weil aber
hernach Americus Veſpucci, ein Kauf=
mann von Florenz, die dem Admiral Co=
lon davon gebührende Ehre ſich zugeſchrie=
ben, und ſeine Entdeckung für die erſte
ausgegeben hat; ſo wird es nöthig ſeyn,
von ſeinen beyden Reiſen, die er aus Spa=
nien nach Weſtindien gethan hat, einige
Nachricht zu geben. Ich will alſo zuerſt
das vornehmſte, was er ſelbſt davon ſchrei=
bet, anführen, und hernach die Erzäh=
lung eines anſehnlichen Spaniſchen Ge=
ſchicht=

pp) nämlich die Inſeln Trinidad und Margarita, die
 Meerenge Boca del Drago, die Vorgebirge Cabo de la Vela, Cabo de Gracias a Dios; die Ha=
 fen Porto belo, Puerto de Baſtimentos. der Fluß
 Belem oder Betlem.

q) GOMARA Part. I. fol. 47. b. HERRERA Dec.
 I. Lib. III. Cap. XI. p. 106. Id. en la Deſcripcion
 de las Indias Occidentales Cap. VII. p. 15. &
 Cap. VIII. p. 16. Man ſehe auch PEDRO SI-
 MON, en las Noticias Hiſtoriales de las Conqui-
 ſtas de los Caſtellanos en la Tierra firme de las Indias Occidentales, Notic. prim. Cap. VI. n. I. p.
 16. & Cap. VII. n. I. p. 19. 20.

schichtschreibers damit vergleichen, woraus
sich sodann die Widersprüche, nebst den Un=
wahrheiten und Betrügereyen, welche die=
ser und andere Spanier ihm Schuld ge=
ben, genugsam zu Tage legen werden.

§. 6.

Americus Vespucci rühmet sich vier
Reisen nach Westindien, und zwar die
beyden ersten in des Königs von Spa=
nien, die beyden letzten in des Königs von
Portugall Diensten, gethan zu haben.
Von der zweyten und dritten hat er zwo
Nachrichten an Lorenz de' Medici abge=
fasset; und außer diesen ist noch von ihm
ein Schreiben, wiewol man eigentlich nicht
weiß, an wen, vorhanden, worin er alle
viere zusammen beschrieben hat r). In
demselben sagt er von seiner ersten Reise,
daß

r) Der Abt Angelus Maria Bandini, welcher
Vita e Lettere di Amerigo Vespucci (Firenze
1745. 4.) herausgegeben, läßt sich in eine mühsa=
me Untersuchung wegen der Personen ein, an
welche Americus diese verschiedene Nachrichten
von seinen Reisen geschrieben hat, und sucht die
dabey vorkommenden Zweifel zu heben; welches
er jedoch nicht zu völliger Ueberzeugung des Le=
sers hat thun können. S. Vita di Amerigo Vespucci Cap. IV. p. 49-60.

daß, als König **Ferdinand** von **Cafti-**
lien vier Schiffe zu Entdeckung neuer Länder in Westen absenden wollte, er von
demselben erwählet worden sey, sich auf
diese Flotte zu begeben, und die Entdek-
kung zu befördern *s*). Hierauf fänget
er gleich an: Wir reiseten am 10 May
1497. von **Calis** (**Cadiz**), und in
eben dem Tone fähret er immer fort, und
erzählet, daß sie vieles festes Land und unendlich viele Inseln entdeckt; daß sie nach
den Canarischen Inseln, wo sie sich mit
Holze und Wasser versehen, und von dort
westwärts in 37 Tagen 1000. Seemeilen
gesegelt; daß sie ein in dem heißen Erd-
striche unter dem 16ten Grade nördlicher
Breite liegendes Land, welches sie für festes Land gehalten, erreichet *t*); daß sie
ihren

s) Lettere di Amerigo Vespucci p. 6. Sein Lebensbeschreiber oder vielmehr Lobredner **Bandini** ver-
bessert dieses noch, und sagt, daß König Ferdinand, nachdem er den glücklichen Fortgang
des Colombo gehöret, für den **Americus**, von
dessen großer Gelahrtheit er gute Nachricht gehabt, drey Schiffe hätte ausrüsten lassen. Mit
diesem Ausdrucke will er andeuten, daß Americus der Befehlshaber dieser Schiffe gewesen sey.
S. Vita di Amerigo Vespucci Cap. III. p. 42.
Wie falsch aber sowol dieses, als was **Americus**
selbst sagt, sey, werden wir hernach sehen.

t) Lettere di Amerigo Vespucci p. 6. 7.

ihren Lauf immer an der Küste, fortgesetzet,
und oft an das Land gestiegen, besonders
aber in einem gewissen Hafen, wo sie ein
Dorf von 40. Häusern, die in dem Wasser
auf Pfählen, wie Venedig, gebauet ge=
wesen, und wo man in die Häuser, und
von einem Hause in das andre auf Zugbrü=
cken gegangen wäre, angetroffen; daß sie
mit den Einwohnern dieses Dorfes in Streit
gerathen, und darauf mit Gewalt in ihre
Häuser gegangen, auch ihnen einige Sa=
chen von geringem Werthe weggenom=
men *u*); daß nachdem sie einen Strich von
870. Meilen westnordwestwärts zurück ge=
leget *v*), sie in einem gewissen Hafen ihre
Schiffe ausgebessert, und von den Ein=
wohnern, während 37. Tagen, die sie
dort gewesen, allen Beystand und Lebens=
mittel bekommen; daß diese große Klagen
über ein Volk in einer gewissen Insel gefüh=
ret, welches sie zu gewissen Zeiten überfie=
le, tödtete und auffräße, oder gefangen
mit nähme; daß die Castilianer sich durch
diese Klagen hätten bewegen lassen diese
freundschaftlichen Indianer an ihren Fein=
den

u) Ibid. p. 19. 20. 21.
v) Ibid. p. 27.

den zu rächen, und daher nach folcher In-
fel gefegelt; daß fie mit den Einwohnern
zweymal gefochten, und von ihnen 280.
Perfonen gefangen genommen, darauf
aber die Rückreife angetreten, und den
18ten des Weinmonats 1498. den Hafen
Cadiz erreichet hätten w).

§. 7.

Von der zweyten Reife des **Americus**
Vefpucci findet man zwo Nachrichten; die
erfte in dem vorgedachten Schreiben, welches von allen feinen vier Reifen handelt,
und die andere in feinem Briefe an Lorenz de' Medici, welchen der Abt Bandini zuerft herausgegeben hat x). Ich
will das merkwürdigfte aus beyden anführen, und man wird fodann klärlich fehen,
wie fehr fie fich in verfchiedenen Umftänden
widerfprechen. Nach der erften fegelte er
und feine Gefellfchaft am 16. May 1499.
mit 3. Schiffen von Cadiz die Canarifchen
Infeln vorbey, gerade nach den Infeln
des grünen Vorgebirges, auf deren einer, die er Ifola del Fuoco nennet, fie
Holz

w) Ibid. p. 27-32.
x) Vita di Amerigo Vefpucci Cap. IV. p. 49. Lettere del medefimo p. 64.

Holz und Waſſer einnahmen, und darauf
ſüdwärts, biß ſie unter dem 8ten Grade
ſüdlicher Breite an ein mit dem in der erſten Reiſe erwähnten feſten Lande zuſam-
men hangendes Land kamen, welches 800
Seemeilen von gedachten Inſeln entfernet
war, und welches ſie ganz mit Waſſer über-
ſchwemmet, und voll großer Flüſſe fanden y). Ein heftiger Strom des Meeres hinderte ſie weiter ſüdwärts zu ſegeln:
und daher hielten ſie einen nordweſtlichen
Lauf, und kamen zu einer Inſel, worin
ſehr große Leute waren, und welche ſie daher die Rieſeninſel nannten z). Sie gelangeten hernach zu einer andern Inſel, wo
ihnen die Einwohner ſehr freundlich begeg-
neten, von denen ſie 119 Mark Perlen
handelten. Von hier nahmen ſie ihren
Weg nach der Inſel Eſpañola, wo ſie
zween Monate und 17 Tage blieben. A-
mericus ſagt, daß ſie viele Gefahr und Ungemach von den Chriſten, die ſich daſelbſt
mit dem Admiral Colon befanden, aus-
geſtanden hätten, und glaubet daß der Neid
die

y) Lettere di Amerigo Veſpucci p. 33. 34,
z) Ibid. p. 34. 35. 41. 42. 43.

C

die Ursache davon gewesen sey *a*). Am 22ten des Heumonats 1500. reiseten sie von Espaňola ab, und am 8ten des Herbstmonats langeten sie in Cadiz an *b*).

§. 8.

Die andere Nachricht von dieser zweyten Reise, die in des Americus Briefe an Lorenz de' Medici enthalten ist, lautet also: Am 18. May 1499. segelte er mit zwo Caravelen, um in Nordwesten Entdeckungen zu machen, von Cadiz. Sie nahmen den Weg längst der Küste von Africa nach den Canarischen Inseln, wo sie sich mit allen Nothwendigkeiten versahen, und sodann von der Insel Gomera südwestwärts fuhren *c*). Nachdem sie 1300 Meilen

a) Ibid. p. 44. Der Abt Bandini sagt gleichfalls in Vita di Amerigo Vesp. p. 44. daß der Admiral Colon dem Vespucci aus Neid übel begegnet habe. Dieses ist falsch: denn der Admiral hatte es mit dem Befehlshaber der Schiffe, dem Ojeda, der, wie wir bald sehen werden, Unruhen in Espaňola erregte, zu thun, und gar nicht mit dem Vespucci, der nur als ein Privatmann da war.

b) Ibid. p. 45.

c) Ibid. p. 65. Alles dieses widerspricht der ersten Nachricht von dieser Reise; wie aus deren Anfange zu sehen ist.

len südwestwärts von Cadiz gesegelt wa=
ren, entdeckten sie Land, welches allenthal=
ben dergestalt mit lauter gewürzartigen Bäu=
men bewachsen war, daß sie dadurch ge=
hindert wurden an dasselbe auszustei=
gen. d). Sie giengen hierauf weiter süd=
wärts bis zum 6ten Grade südlicher Brei=
te e), und hernach, weil ein heftiger
Strom des Meers sie an dem ferneren Lau=
fe dahin hinderte, nordwärts f), bis zu
dem Meerbusen von Paria. Sodann
fuhren sie immer weiter an der Küste her=
auf, und fanden eine Insel, worauf sehr
große Menschen waren g). Auf einer an=
dern kamen sie zu einem großen Dorfe, wo
die Häuser wie zu Venedig sehr künstlich
auf dem Wasser gebauet waren. Sie woll=
ten dieselben besehen: aber die Einwohner
such=

d) Ibid. p. 65. 66. Nach der ersten Nachricht war
dies Land ganz mit Wasser überschwemmet,
und voll grosser Flüsse. Dies ist also ein neuer
Widerspruch.

e) Ibid. p. 68. 69. 71. 83. Hier ist ein abermaliger
Widerspruch mit der vorigen Nachricht, zufol=
ge welcher sie bis zum 8ten Grade südlicher Brei=
te gesegelt waren.

f) Ibid. p. 68.

g) Ibid. p. 79.

C 2

ſuchten ihnen dieſes zu verwehren, weswe=
gen ſie in dieſelben mit Gewalt hinein gien=
gen, und ihnen viele Baumwolle und Bra=
ſilienholz wegnahmen *h*). In dieſer Schiff=
fahrt hatten ſie hie und da ſehr kriegeriſche
Völker angetroffen, und in verſchiedenen
Gefechten mit ihnen zwanzig Gefangene ge=
macht, unter denen ſieben von verſchiede=
nen Sprachen geweſen waren *i*). Nach=
dem ſie an dieſer Küſte über 700 Meilen
geſegelt, und ihre Schiffe ſehr leck gewor=
den waren, richteten ſie ihren Lauf nach
der Inſel **Eſpañola**, um dieſelben auszu=
beſſern, und ſich mit Lebensmitteln zu ver=
ſehen *k*), und nach einem Aufenthalte von
zween Monate giengen ſie von hier 200
Meilen nordwärts, und entdeckten mehr
als tauſend Inſeln *l*). Darauf traten ſie
die

h) Ibid. p. 80. 81. In der vorigen Nachricht ge=
denket Americus dieſes auf dem Waſſer gebaue=
ten Dorfes gar nicht: aber in der Beſchreibung
ſeiner erſten Reiſe findet man faſt eben ſolche
Umſtände davon, wie hier angemerket. S. §. 6.

i) Ibid. p. 77. 78. 80. 81.

k) Ibid. p. 81. 82.

l) Ibid. p. 82. Was Americus hier von tauſend
und mehr Inſeln ſagt, erkläret ſein Lebensbe=
ſchreiber Bandini ſelbſt für poetiſch. Vita di A-
merigo Veſpucci C. III. p. 44.

die Rückreiſe nach Spanien an, und nah=
men auf gewiſſen Inſeln 232 Menſchen
mit Gewalt weg, welche ſie zu Sclaven
machten, und zu Cadiz verkauften *m*).
Die Zeit, da ſie daſelbſt angekommen,
meldet er nicht: aber der Brief iſt auf
den 18ten des Heumonats 1500 geſtel=
let *n*).

§. 9.

m) Lettere di Amerigo Veſpucci p. 82. 83. Von
dieſen 232. mit Gewalt weggenommenen und zu
Sclaven gemachten Menſchen ſagt er in der vo=
rigen Nachricht nichts. Es iſt dieſes aber, wie
wir bald ſehen werden, auf ſeiner erſten und
nicht auf der andern Reiſe geſchehen.

n) Ibid. p. 86. Weil dieſer Brief an Lorenzo de'
Medici den 18ten des Heumonats geſchrieben iſt,
und Americus im Anfange deſſelben p. 64. ſagt,
daß er vor ohngefähr einem Monate von ſeiner
weſtindiſchen Reiſe nach Sevilla gekommen ſey;
ſo fällt die Zeit ſeiner Rückkunft in den Brach=
monat. Hiemit ſtimmet auch überein, was er
p. 83. ſagt, daß dieſe Reiſe 13. Monate gedau=
ret habe. Nun hatte er dieſelbe 1499. den 18ten
May angetreten, und folglich muſte die Zurück=
kunft Ao. 1500. im Brachmonate geſchehen ſeyn.
Aber in der vorigen Nachricht (§. 7.) ſetzet er
dieſelbe auf den 8ten des Herbſtmonats: welches
demnach wiederum ein offenbarer Widerſpruch
in den beyden Beſchreibungen dieſer zweyten
Reiſe iſt.

C 3

§. 9.

Wenn man dieſe beyden Erzählungen
des **Americus** von ſeiner zweyten Reiſe
gegen einander hält; ſo iſt man ſehr ver=
legen, welche man für richtig erkennen ſoll,
weil ſie ſich offenbar in verſchiedenen Um=
ſtänden widerſprechen, und ſchlechterdings
nicht vergleichen laſſen. Ich bin alſo ſehr
geneigt zu glauben, daß das bisher unge=
druckte Schreiben an **Lorenz de' Med:ci**
nicht von ſeiner zweyten Reiſe, wie Ban=
dini ſich und andere bereden will o), ſon=
dern von der erſten handele. Hiezu veran=
laſſet mich die Uebereinſtimmung gewiſſer
Umſtände mit denen, welche er in der er=
ſten Reiſe anführet, als z. B. daß er von
Cadiz nach den **Canariſchen Inſeln** ge=
ſegelt, und ſich daſelbſt mit Holz und Waſ=
ſer verſehen habe p), und die Erzählung
von dem, wie **Venedig**, auf dem Waſſer
gebaueten Dorfe q). Hiernächſt gedenk=
ket er in gedachtem Schreiben dieſerReiſe nie=
mals als der zweiten, welches er vermuthlich,
wenn

o) Man ſehe die Rubrik dieſes Schreibens nelle
   Lettere di Amerigo Veſpucci p. 64.

p) Man ſehe oben §. 6.

q) Eben daſelbſt.

wenn sie es gewesen wäre, nicht unterlas-
sen haben würde. Und endlich trifft so
wohl dasjenige, was er darin von der
Schifffahrt nach Espanola auf der Rück=
reise, und von den auf gewissen Inseln gemachten Gefangenen meldet, als der Umstand der Zeit, mit demjenigen so gut zusammen, was Antonio de Herrera von
der im Jahre 1499. gethanen Reise des Al=
fonso de Ojeda, auf dessen Geschwader
sich Americus Vespucci befunden, angemerket hat, daß dadurch die Vermuthung,
Americus handele in seinem Schreiben
an Lorenz de' Medici von dieser Reise,
welche die erste ist, die er nach der neuen
Welt gethan hat, nicht wenig bestärket
wird. Ich hoffe ein jeder werde mit mir
gleicher Meynung seyn, wenn er die Erzählung dieses berühmten Geschichtschrei-
bers mit einiger Aufmerksamkeit betrach=
ten wird, welche ich zu dem Ende hier bey=
fügen will.

§. 10.

Die Veranlassung zu der Reise des O-
jeda war folgende: Als der Bericht, welchen der Admiral Colon dem Könige und
der Königin von Spanien von den auf

sei=

seiner dritten Reiſe gemachten Entdeckungen,
nebſt einem Abriſſe des Landes und den
Proben der Perlen und des Goldes geſandt
hatte, ankam; ſo befand ſich dieſer Edel-
mann, welcher den Admiral auf ſeiner zweiten Reiſe begleitet hatte, am Hofe, und bekam den Abriß des Landes und die Perlen
und das Gold zu ſehen. Weil er ein Günſt-
ling des Biſchofs Juan Rodriguez de Fonſeca war, welcher damals die Beſorgung
der Indianiſchen Sachen hatte; ſo bat er
von demſelben die Erlaubniß nach dieſen
Gegenden zu ſchiffen, und Entdeckungen
zu machen. Der Biſchof ließ ihm dieſelbe,
wiewol nur mit ſeiner, und nicht des Königs und der Königin Unterſchrift, ausfer-
tigen. Es war dem Ojeda leicht einige
Privatperſonen zu bewegen, daß ſie in Sevilla vier Schiffe ausrüſteten, weil damals
ſchon viele eine ſtarke Begierde hatten, in
Weſtindien Reichthümer zu erwerben. Er
gieng am 20. May 1499. aus dem Hafen
Santa Maria unter Segel, und nahm einen gewiſſen Biscajer, Juan de la Coſa,
als Steuermann, und den Americus Veſpucci, als einen in der Erdbeſchreibung und
Schifffahrt erfahrnen Kaufmann, mit ſich r).

Sie

r) HERRERA Dec. I. Lib. IV. Cap. I. p. 123.

Sie richteten ihren Lauf erst west=her=
nach südwärts, und kamen in 27 Tagen an
eine Küste, welche sie für festes Land hiel=
ten s). An demselben schifften sie weiter
fort, und gelangeten zu einem Hafen, wo
sie ein Dorf antrafen, welches, wie Ve=
nedig, auf dem Wasser gebauet war, und
wo man auf Zugbrücken von einem Hause
zu dem andern gehen muste t). In ihrem
fernern Laufe erreichten sie die Küste von
Paria, und fuhren durch die Meeeenge
zwischen diesem Lande und der Insel Tri=
nidad, welche der Admiral Colon den
Drachenschlund genannt hatte u). Dar=
auf segelten sie nach der Insel Margarita,
ferner nach der Landschaft Coquibocoa,
nachmals Venezuela genannt, und endlich
nach Cabo de la Vela v), daß also O=
jeda 400 Seemeilen, nemlich 200. ost=
wärts von Paria, bis nach Cabo de la
Ve=

s) Idem l. c.

t) Idem Dec. I. Lib. IV. Cap. II. p. 125.

u) Idem Dec. I. Lib. IV. Cap. II. p. 126. Er mer=
ket hiebey an, daß Americus diesen Namen mit
Fleiß verschwiegen, ob es gleich eine bekannte
Sache gewesen sey, daß der Admiral Colon die=
se Meerenge zuerst entdeckt habe.

v) Id. Dec. I. Lib. IV. Cap. II. p. 127.

E 5

Vela, längst der Küste des festen Landes gesegelt hat *w*). Er gieng hernach auf der Insel Maracapana an das Land, wo er mit Hülfe der Indianer seine Schiffe ausbesserte, und ein neues Fahrzeug bauete. Diese Indianer waren sehr höflich und gastfrey, und versorgeten die Spanier während den sieben und dreyßig Tagen, die sie da waren, mit Lebensmitteln. Und weil sie über ein Volk in einer gewissen Insel sehr klageten, welches sie bekriegte, gefangen nähme und fräße, so erboten sich die Spanier sie zu rächen, und segelten nach dieser Insel, wo ihnen, da sie an das Land stiegen, die Einwohner mit Bogen und Pfeilen entgegen kamen. Sie geriethen zweymal mit ihnen in ein Gefechte, und machten in dem letzten 25. Gefangene *x*). Hierauf richteten sie ihren Lauf

nach

---

w) HERRERA l. c. Dieser merket hiebey an, daß Americus Vespucci die Sache vergrössert habe, wenn er in der Beschreibung seiner ersten Reise (S. §. 6.) sagt, daß er 870. Seemeilen längst dieser Küste gesegelt sey.

x) Id. Dec. I. Lib. IV. Cap. p. 128. Americus sagt in der Nachricht von seiner ersten Reise 280, und daß sie von dieser Insel gerade nach Cadix gesegelt wären, welches beydes falsch ist.

nach der Insel Española y). Sie kamen
hier am 5. Sept. 1499. an und stiegen in
der Landschaft Yaquimo, wo das Brasi=
lienholz wächset, aus.   Weil nun der Ad=
miral Colon, der eben damals in Españo=
la war, den Ojeda, als einen verwege=
nen Mann, kante; so wolte er ihn nicht
gerne auf der Insel leiden, und suchte ihn
insonderheit zu hindern, daß er Brasilien=
holz fällete, oder andern Unfug anrichtete.
Hierauf wiegelte Ojeda einige dem Admi=
ral aufsätzige Castilianer gegen denselben
auf: aber Roldan, welcher sich mit dem
Admiral damals verglichen hatte, schaffte
ihn mit guter Art von der Insel. Ojeda
verließ dieselbe am Ende des Hornungs
1500.

---

y) HERRERA l. c. Dieser erwähnet hieben, daß
Americus diese Schifffahrt nach der Insel E=
spañola bey seiner zweyten Reise erzählet, (S.
oben §. 7.) und also listiger Weise dasjenige,
was sich in der ersten begeben, in die andere
setzet, um dem Admiral Colon die Ehre der er=
sten Entdeckung des festen Landes zu nehmen.
Er fügt hinzu, daß des Königs Unwald das Ge=
gentheil mit den Zeugnissen des Ojeda, des
Steuermanns, Andreas de Morales, und an=
derer erwiesen, welche schworen, daß sie auf der
ersten Reise in Española gewesen wären. Und
hiemit trifft auch das Schreiben des Americus
an Lorenz de Medici zusammen, welches, mei=
ner Meynung nach, von der ersten Reise han=
delt. (S. oben §. 8. 9.

1500. und machte auf der Inſel St. Juan 222. Indianer zu Gefangenen, welche er mit ſich nach Caſtilien führete z). Dies war alſo die erſte Reiſe, die Americus Veſpucci nach Weſtindien gethan hat.

§. 11.

Auf der zweyten Reiſe des Ojeda, welche er im folgenden Jahre wiederum in Geſellſchaft des Americus gethan, muß nicht viel merkwürdiges vorgefallen ſeyn, weil Herrera ſie nur kurz berühret, und davon weiter nichts ſagt, als daß er in der Landſchaft Uraba eine Feſtung angelegt, und zuletzt von ſeinem Schiffsvolke, gegen welches er zu ſparſam in Austheilung der Lebensmittel geweſen, gefangen geſetzt und gefeſſelt worden ſey a). Es iſt aber die Beſchreibung, welche dieſer Geſchichtſchreiber von der erſten gemacht hat, ſchon zureichend, die Unrichtigkeit der Nachrichten des Americus zu beweiſen, und er verdient um ſo viel mehr Glauben, als er ſeine Indiani=

z) HERRERA Dec. I. Lib. IV. Cap. III. IV. p. 128 - 132. Was hier von den Gefangenen geſagt wird, ſtimt wieder mit demjenigen überein, was Americus davon in ſeinem Schreiben an Lorenz de' Medici erzählt. (S. §. 3.)

a) HERRERA Dec. I. Lib. IV. Cap. XI. p. 148. 149.

dianiſche Geſchichte auf König **Philipps**
II. Befehl, aus den in den königlichen Ar=
chiven befindlichen Urkunden, und aus den
Büchern, Regiſtern und andern Brieffchaf=
ten des Indianiſchen Raths, verfertiget
hat *b*). Aus derſelben erhellet unleugbar,
1) daß **Americus Veſpucci**, als er ſeine
beyden erſten Reiſen nach **Weſtindien** ge=
than, nicht in des Königs von **Spanien**
Dienſten, und noch weniger Befehlsha=
ber der zu dieſen Reiſen ausgeſandten Schif=
fe geweſen ſey; 2) daß auch der König kei=
ne Schiffe für ihn, ſondern einige Privat=
leute dieſelben für den **Ojeda**, der den
Befehl darüber führete, haben ausrüſten
laſſen; 3) daß die erſte Reiſe des **Ojeda**
in den Jahren 1499. und 1500. und nicht
1497. und 1498. wie **Americus** meldet,
geſchehen ſey, und daß alſo 4) der Admi=
ral **Colon** das feſte Land eher als er, näm=
lich im Jahre 1498, entdecket habe. Da
nun **Herrera** ihn ſowol hierin, als in an=
dern Umſtänden, auf Unwahrheiten betrifft,

uno

b) Man ſehe die gleich im Anfange ſeiner Hiſtoria general de los Hechos de los Caſtellanos en las
Islas y Tierra firme del Mar Oceano ſtehende An=
zeige, und die darauf folgende Zuſchrift an den
König **Philipp III.** von **Spanien.**

und da er sich hiernächst, wie schon gezeiget worden, so sehr und oft in den Beschreibungen seiner Reisen widerspricht; so können diese sonst im geringsten nicht für glaubwürdig geachtet werden, als in so weit die Zeugnisse anderer tüchtiger Geschichtschreiber sie bestärken.

§. 12.

Allein, die Nachrichten dieses Florentiners führen ohnedem viele andere Merkmale der Falschheit bey sich. Er scheinet sie mit Fleiß so eingerichtet zu haben, daß die Sache in Verwirrung und Dunkelheit eingehüllet werden, und es schwer fallen mögte die wahre Beschaffenheit derselben einzusehen. Er rühmet sich einen so grossen Strich des festen Landes entdeckt zu haben, und führet dennoch fast keine, oder sehr wenige Namen an, die den Oertern, wo er gewesen, gegeben worden sind; welches die Entdecker unbekanter Länder sonst immer zu thun pflegen *bb*). Er erwähnet nie-

---

bb) Er soll, wie Bandini (nella Vita di Amerigo Vespucci Cap. III. p. 66.) sagt, die ganze Küste von dem mexicanischen Meerbusen an bis zu dem Flusse de la Plata befahren haben, welches ein Strich von 1600. Meilen ist, und dennoch nennet

niemals den Befehlshaber der Schiffe, auf
welchen er seine Reisen verrichtet hat, son=
dern druckt sich gemeiniglich so aus, daß
man glauben sollte, er sey es selbst gewesen.
Und eben so spricht auch sein Lebensbe=
schreiber Bandini davon.   Bey ihm ist
Americus immer die Hauptperson und der
Held der Geschichte, der alles anordnet und
thut, der den Indianern Schlachten lie=
fert, und Siege über sie erhält c).   Un=
gereimtheiten, die sich bey dem ersten An=
blicke von selbst verrathen! Aber insonder=
heit scheinet das Schreiben, worin Ame=
ricus seine vier Reisen erzählet, und die
erste in das Jahr 1497. setzet, mit rechtem
Vorbedachte abgefasset zu seyn, um die Welt
irre zu machen, und sich die erste Entde=
ckung des festen Landes zuzueignen.   Al=
lein gesetzt daß dieselbe in dem gedachten
Jahre geschehen wäre; so würde doch nicht
ihm, sondern dem Befehlshaber der Schif=
fe, dem Ojeda, diese Ehre gebühret ha=
ben

net er kaum zehen Oerter in diesen neu entdeck=
ten Gegenden.

c) Man sehe Vita di Amerigo Vespucci, Cap. III.
p. 42. 43. &c. wo Bandini dessen Reisen be=
schreibet.

ben *d*). Indeſſen hat es nicht die gering-
ſte Wahrſcheinlichkeit, daß Ojeda dieſe
Entdeckung gemacht habe. Denn in dieſem Falle würde ſo wenig er ſelbſt, als
der Biſchof Fonſeca, der ſein Freund, und
des Admirals Colon Feind war *e*); un-
terlaſſen haben eine ſo wichtige Begebenheit auf ſeine Rechnung zu ſchreiben; und
eben ſo wenig würden die Spaniſchen Geſchichtſchreiber eine ihrer Nation ſo rühmli-
che Entdeckung vergeſſen haben. Aber keiner derſelben meldet etwas von einer im
Jahre 1497. nach Weſtindien geſchehenen
Reiſe. Ihr Stillſchweigen iſt hinreichend,
um daraus zu ſchlieſſen, daß keine damals
dahin unternommen worden ſey, und daß
also

d) So urtheilet davon HERRERA Dec. I. L. IV.
Cap. II. p. 127. auf welchen daher Bandini ſehr
übel zu ſprechen iſt, und ſaget, daß er immer
geſucht habe, dem Americus, ſo viel möglich,
die Ehre ſeiner Entdeckung zu nehmen. S. Vita di Amerigo Veſpucci Cap. III. p. 43. Und weil
er glaubet, daß auch der P. Charlevoix ſeinem
Landsmanne ein gleiches Unrecht gethan habe;
ſo ſucht er, wiewol mit nichts bedeutenden Gründen, zu beweiſen, daß dieſem die Ehre der Entdeckung und Benennung der neuen Welt zukomme, obgleich Ojeda der Befehlshaber der Schiffe geweſen ſey. Ibid. Cap. VI. p. 76. 77.

e) HERRERA Dec. I. Lib. IV. Cap. I. p. 123. &
Lib. III. Cap. IX. p. 98.

also Americus dieselbe fälschlich in dieses
Jahr gesetzet haben müsse. Dem ungeach=
tet war er in der Folge glücklich genug
die Absicht, aus welcher er dieses gethan,
zu erreichen, und seine Eitelkeit mit vollem
Maaße zu vergnügen. Dies geschahe auf
folgende Weise.

§. 13.

Nachdem der Admiral Colon von seiner
vierten Reise nach Spanien zurückgekom=
men war; so suchte er vornemlich die Wie=
dereinsetzung in die ihm vormals verliehe=
nen Vorrechte, und besonders in die Statt=
halterschaft der von ihm entdeckten Inseln
und Länder. Allein, König Ferdinand
der die Wichtigkeit von Westindien immer
mehr und mehr einsahe, und zugleich be=
trachtete, welchen großen Antheil der Ad=
miral und die Seinigen daran haben wür=
den, wenn man ihm seine Vorrechte unver=
mindert ließe, zog die Sache in die Länge,
und inzwischen starb der Admiral am 20.
May 1506. zu Valladolid, meistens aus
Verdrusse, daß ihm seine großen Dienste
so schlecht belohnet wurden f) Durch
sei=

f) Life of Columbus Ch. CVIII. p. 68-. 588. Herrera Dec. I. Lib. VI. Cap. XIV. XV. p. 209-
211.

D

seinen Tod, und die Abwesenheit des Kö=
nigs Ferdinand, der damals nach Nea=
pel gereiset war, waren die Entdeckungen
in Westindien einiger maaßen in Vergeß=
senheit gerathen. Der König suchte sie
nach seiner Zurückkunft in Spanien wei=
ter fortzusetzen. Er nahm daher, im Jah=
re 1506. nebst andern geschickten Seeleu=
ten, den **Americus Vespucci** in seine
Dienste, und bestellete diesen letzteren zum
Obersteuermann (Piloto Mayor). We=
gen seiner vorzüglichen Erfahrung in der
Schifffahrt und Erdbeschreibung ward ihm
insbesondere aufgetragen, zu besserer Be=
förderung der künftigen Entdeckungen,
Seekarten zu machen, und die entdeckten
Länder und Inseln abzuzeichnen g). Hie=
von nahm er Gelegenheit und Dreistigkeit,
seine vermeynten Ansprüche auf die Ehre
der ersten Entdeckung der neuen Welt gel=
tend zu machen. Er setzte seinen Namen
in alle diese Land= und Seekarten, die er
aus den ihm mitgetheileten und täglich zu=
gesandten Beschreibungen und Abzeichnun=
gen der entdeckten Länder machte, und
nann=

g) HERRERA Dec. I. Liß. VII. Cap. I. p. 223. 224.
PEDRO SIMON prim. Notic. Cap. VII. n. 2.
p. 21.

nannte alles America *h*). Auf diese Wei=
se gelangte er zu der Ehre seinen Namen
der neuen Welt zu geben, einer Ehre, die
er keinesweges verdienet hatte, und deren
Ungrund in Spanien so gar gerichtlich er=
wiesen worden ist.

§. 14.

Denn als des verstorbenen Admirals
Christoph Colons ältester Sohn, Don
Diego Colon, welcher, kraft der seinem
Vater ertheileten Vorrechte, demselben in
der Würde eines Admirals von **Indien**,
und Unterkönigs und Statthalters in den
neu entdeckten Ländern und Inseln, fol=
gen sollte, auf keine Weise, und eben so
wenig als sein Vater, die Wiedereinsetzung
in die Statthalterschaft, die demselben, wie
schon gemeldet worden, unrechtmäßiger
Weise genommen war, erlangen konte; so
suchte und erhielte er von dem Könige die
Erlaubniß, sein Recht gerichtlich auszufüh=
ren *i*). Wie nun der königliche Anwald
ihm,

h) PEDRO SIMON l. c. Don JUAN SOLORZA-
NO en la Politica Indiana Ltb. I. Cap. II. p. 4.

i) HERRERA Dec. I. Lib. VII. Cap. IV. p. 229.
230.

D 2

ihm, ſo viel die Entdeckung des feſten
Landes betraf, verſchiedene Einwendun=
gen entgegen ſetzte; ſo bewies Don Diego
Colon mit vielen Zeugen, daß ſein Va=
ter daſſelbe eben ſo wohl, als die Inſeln,
und folglich ganz Weſtindien zuerſt ent=
decket hätte. Eben dieſes ward auch durch
den Beweis und die Auſſage derjenigen
Zeugen bekräftiget, die der Anwald des
Königs für ſich aufführete. Und alſo ka=
men durch dieſes gerichtliche Verfahren,
wie Herrera anmerket, die boshaften
Kunſtgriffe, die Americus Veſpucci ge=
brauchet hatte, um ſich die Ehre, die ei=
nem andern gehörete, und mit ſo großem
Ungemache und Beſchwerlichkeit erworben
war, zuzueignen, ganz klar und deutlich
an den Tag k).

§. 15.

Wie gewiß und ausgemacht es indeſſen
auch immer ſeyn mag, daß der Admiral
Colon der erſte Erfinder Weſtindiens ü=
berhaupt, und des feſten Landes insbeſon=
dere geweſen ſey; ſo hat doch Betrug und
Irrthum über die Wahrheit triumphiret,
und ganz Europa hat ſich mit der Zeit
gewöh=

k) Id. Dec. I. Lib. VII. Cap. V. p. 230.

gewöhnet diese neue Welt America zu
nennen. Hiezu scheinet das Schreiben,
welches Americus Vespucci von seinen
vier Reisen herausgegeben, und welches
schon im Anfange des sechszehnten Jahrhunderts vielmal gedruckt, in verschiedene
Sprachen übersetzet, und in viele zur Geschichtkunde und Erdbeschreibung gehörige
Bücher *l*) eingerücket worden, ein grosses beygetragen zu haben. Denn weil er
darin seine erste Reise, der Wahrheit zuwider

l) Man findet verschiedene derselben in des Abts
  Bandini Vita di Amerigo Vespucci Cap. IV. p.
  49-60. angeführet. Und als eine große Selten-
  heit hat Martin Friderich Vossius dieses Schreiben, so wie Michael Herr es in die deutsche
  Sprache übersetzet hat, aus einem zu Augsburg
  1534. gedruckten alten deutschen Buche, unter
  dem Titel: Alleralteste Nachricht von der neuen
  Welt, im Jahre 1722. zu Berlin herausgegeben.
  Auf dem Titel sowol, als in der Vorrede nennet er den Americus den Erfinder der neuen
  Welt; und der deutsche Ueberseßer des Bandini
  sagt gleichfals in seiner Vorrede: „daß obgleich
  „Colon der erste in dieser Entdeckung gewesen,
  „er jedoch nur etliche wenige Inseln gesehen,
  „Americus hingegen das feste Land entdecket
  „hätte; daß seine Reisen sich viel weiter erstreck-
  „ten, und seine Verdienste daher von einem
  „größern Umfange wären." Wie wahr und
  richtig dieses sey, wird der Leser schon aus dem
  vorhergehenden eingesehen haben.

  D 3

wider, wie bereits angemerket worden, in das Jahr 1497. setzet; so hat jedermann, und sogar berühmte und große Männer, dieses auf guten Glauben angenommen, und dafür gehalten daß er ein Jahr eher, als der Admiral Colon, der erst im Jahre 1498. auf der Küste von Paria gewesen, daß feste Land entdecket habe. Diese irrige Meinung, und die Frechheit, mit welcher Americus Vespucci den ganzen vierten Welttheil, so weit er zu seiner Zeit entdeckt war, in den von ihm verfertigten Land= und Seekarten America genannt, hat diesen Namen zuerst bekant und allgemein gemacht, so, daß er mit der Zeit in ganz Europa angenommen und durchgehends gebräuchlich worden ist.

§. 16.

Indessen haben die ältesten und ansehnlichsten Spanischen Geschichtschreiber und andere Schriftsteller den vierten Welttheil niemals America, sondern insgemein Westindien oder schlechtweg Indien oder auch die neue Welt genannt. Ja einige derselben haben heftig wider den Namen America geeifert, und dessen Unrechtmäßigkeit

keit und Ungereimtheit gezeiget. Und in
der That ist es etwas seltsames, daß, da
der Admiral Colon, der doch in allen seinen nach Westindien gethanen Reisen
würklicher Oberbefehlshaber war, so bescheiden gewesen, und keinem einzigen von
ihm entdeckten Orte seinen Namen beygeleget, Americus Vespucci, der sich nur
als ein Kaufmann, oder höchstens als ein
Erdbeschreiber und Sternkundiger in diesen
Schifffahrten befand, den Stolz und die
Vermessenheit gehabt habe alles, was in
dem vierten Welttheile zu seiner Zeit entdeckt war, von sich zu benennen. Herrera macht ihm daher den gerechten Vorwurf,
daß er sich einer fremden Ehre angemaaßet,
daß er die Entdeckungen des Admirals Colon sich boshafter und listiger Weise zugeeignet, und ihm den dadurch erworbenen
Ruhm geraubet hätte, weil dessen neu entdeckte Länder billig von ihm den Namen
hätten bekommen sollen m). Pedro Simon

m) Man sehe den HERRERA Dec. I. Lib. IV.
Cap. II. p. 126. 127. Cap. XI. p. 148. Lib. VII.
Cap. I. p. 224. Cap. V. p. 230. & Dec. V. Lib.
I. Cap. V. p. 14.

mon druckt ſich hierüber noch ſtärker aus.
Nachdem er ſeine Verwunderung und Unwillen darüber bezeiget hat, daß ſo viele
und große durch den Admiral Colon und
die Spanier entdeckte und eroberte Länder von einem ſo gemeinen Manne und
Fremdlinge, wie Americus Veſpucci,
der nichts wichtiges in ihrer Entdeckung
und Eroberung gethan hatte, wider alle
Vernunft America genannt worden; ſo
thut er dem Indianiſchen Rathe in Spanien den Vorſchlag dieſen Namen, als etwas dem Anſehen und der Hoheit der Spaniſchen Krone nachtheiliges, abzuſchaffen,
und einen andern, als Segunda Eſpaña, oder Segunda Caſtilla einzuführen.
Zu dem Ende räth er, alle Erdbeſchreibun-
gen, Weltkugeln, Land- und Seekarten,
worin der Name America ſich befände,
zu verbieten, und nicht zuzugeben, daß
Bücher, in welchen derſelbe gebraucht würde, gedruckt werden mögten. Hiedurch
glaubt er, würde man dieſes erhalten, daß
er mit der Zeit in Vergeſſenheit geriethe.
Wofern aber, fügt er hinzu, ſein Vorſchlag nicht angenommen werden ſollte; ſo
würde es ihm genug ſeyn, daß er bekannt
wür-

würde, und die Welt wüßte, daß der Na=
me America ſich für Weſtindien nicht
ſchicke, und daß einmal ein Spanier ge=
weſen wäre, der ſolches angezeiget, und
dadurch den ſeinem Vaterlande ſchuldi=
gen Pflichten ein Genügen gethan hät=
te *n*).

§. 17.

Einen nicht geringern Eifer bezeiget
Thomas de Malvenda wider den Na=
men America, und erkläret es für eine
ungemeine Beleidigung, welche die frem=
den Schriftſteller den Spaniern dadurch
zufügten, daß ſie die neue Welt alſo nen=
neten, da doch jederman wüſte, daß ſie
von Chriſtoph Colon entdeckt worden
ſey. Daher, fähret er fort, ſolte dieſer
Name auf ewig ausgelöſchet, und der rech=
te und wahre wiederhergeſtellet, folglich
dieſer große Welttheil Colonia oder Colonea, und Novus Orbis Colonius oder
Coloneus oder Hiſpanus genannt werden *o*).

Glei=

n) PEDRO SIMON prim. Nocic. Cap. VI. n. 3. p. 18.
Cap. VIII. n. 2. 3. 4. p. 20. 23. 25. 26.

o) THOMAS MALVENDA de Antichriſto Tom. I.
Lib. IV. Cap. XVI. p. 275. (Edit. Lugd. 1647.
fol.)

Gleiche Gedancken äußert hierüber Don
Juan de Solorzano Pereira. Er be-
ſchweret ſich heftig über den Americus
Vespucci, daß derſelbe, zu großem Nach-
theile der Ehre des Admirals Don Chriſtoph Colon, Land-und Seekarten durch
die Welt ausgeſtreuet, und darin den in
der neuen Welt entdeckten Ländern ſeinen
Namen beygeleget habe. Er ſpricht davon als einem Betruge und unverſchämten
Diebſtahle, und beruft ſich auf viele andere Schriftſteller, nach deren Ausſpruche
die neue Welt von dem Admiral Colon
und nicht von dem Americus hätte benen-
net werden ſollen, oder künftig noch Colonia oder Columboniana genannt werden müſte p).

§. 18.

Jedoch die Spanier ſind es nicht allein,
die den Namen America verwerfen, ſondern die Portugieſen wollen ihn eben ſo
wenig gelten laſſen, weil dadurch einem
Man-

p) SOLORZANO en la Politica Indiana Lib. I.
Cap. II. p. 4. Gleicher Meynung iſt auch der
berühmte ſchweizeriſche Dichter, Herr Bodmer,
welcher die neue Welt Colombona genannt wiſſen will. S. deſſen Colombona S. 5. und 46.

Manne von ihrer Nation Unrecht geschieht.
Denn Americus will auch Brasilien zuerst entdecket haben, ob es gleich unstreitig ist, daß der Portugiesische Admiral
Pedro Alvares Cabral solches bereits
vor ihm gethan hat *pp*). Diese vorgege-
bene Entdeckung dienete ihm indessen seinen
Namen in seinen Landkarten von der neuen
Welt weiter auszubreiten, und sie hat ohne Zweifel auch das ihrige beygetragen,
daß dieselbe mit der Zeit überhaupt America genannt worden ist *q*).   Deswegen
sagt

pp) Er ward im Jahre 1500, auf seiner Reise nach
Ostindien, durch einen heftigen Sturm gegen
Westen an eine Küste verschlagen, die er im Na-
men des Königs von Portugall in Besitz nahm,
und darauf ein Schiff mit der Nachricht von
dieser Entdeckung an den König Emanuel ab-
fertigte. Dies war das hernach sogenannte
Brasilien. Vid. HIER. OSORIUS de reb. gest.
Emanuelis Lib. II. p. 65. (Edit. Olysipp. 1571. fol.)
MANUEL DE FARIA Y SOUSA in Asia Portug.
T. I. P. I. C. V. n. 4. p. 45.

q) Cabral nannte sein neuentdecktes Land zuerst
Terra de Santa Cruz. Vid. OSOR & FARIA Y
SOUSA ll. cc. Hernach ward es von dem A-
mericus Velpucci, der eine Karte von demsel-
ben machte, America, und endlich, wegen des
häufig dort befindlichen rothen Holzes, von dem
Portugiesischen Worte Brasa, d. i. eine glühende
Kohle, Brasil genannt. DIOGO BARBOSA MA-
CHAD

ſagt der Portügieſiſche Geſchichtſchreiber Franciſco de Brito, daß dieſes mit gröſ- ſerem Glücke als Rechte geſchehen ſey, weil Cabrals und Colons Entdeckun- gen älter wären qq).

§. 19.

Aber ungeachtet aller Widerſprüche und Einwendungen der Spanier und Portu- gieſen wider den Namen America, wel- chen keinesweges die Wahrheit, ſondern bloß der Betrug des Americus Veſpucci und der Irrthum der Erdbeſchreiber dem vierten Welttheile gegeben haben, iſt die- ſer Florentiner doch immerfort und bis je- ßo in dem Beſiße einer ſo wenig verdien- ten Ehre geblieben. Erſt in neuern Zei- ten haben einige franzöſiſche Schriftſteller ihn darin geſtöret, und den Ungrund des gemeinen Wahns, worauf derſelbe beru- hete, angezeiget. Der Abt de la Plu- che,

CHADO in Biblioth. Luſitana, Art. Pedro Al- vares Cabral. Man ſiehet hieraus, wie ſehr A- mericus Veſpucci ſich jede Gelegenheit zu nuße gemacht habe ſeinen Namen allen neuentdeckten Ländern in der neue Welt zu geben.

qq) Man ſehe Nova Luſitania, Hiſtoria da Guerra Braſilica eſcrita por FRANCISCO de BRITO Lib. I. p. 8. n. 10. (Edit. Lisb. 1675. fol.)

che, der P. Charlevoix, der Herr de la Martiniere r) und andere haben in Gleichförmigkeit desjenigen, was Herrera und andere spanische Schriftsteller von dem Americus Vespucci geschrieben, ihn einer Eitelkeit und Ungerechtigkeit gegen den Admiral Colon beschuldiget, und ihn einen frechen Betrüger und Marktschreyer genannt. Hiedurch aber ist sein Lebensbeschreiber, der Abt Bandini, gewaltig aufgebracht worden. Er vergilt diesen Franzosen die Anzüglichkeiten, die sie gegen seinen Landsmann gebraucht haben, reichlich und mit gehäuftem Maaße. Er nennet sie boßhafte Betrüger, deren Bemühungen blos die Absicht hätten das Verdienst grosser Leute zu vernichten s). Ja er greift bey dieser Gelegenheit die ganze französische Nation an; er wirft ihr Eitelkeit und Mißgunst vor, und klagt, daß sie sich allezeit dem Glücke und dem Ruhme der Italiener, die doch ihre Lehrmeister in allen schönen Wissenschaften gewesen wä-

---

r) Man sehe den BANDINI in Vita di Amerigo Vespucci p. 65. wo er die seinem Landsmanne nachtheilige Stellen aus diesen Schriftstellern anführet.

s) Vita di Amerigo Vespucci p. 65.

wären, widerſetzet hätte, und noch wider=
ſetzete *t*). Er ſucht die neidiſchen Beſchul=
digungen dieſer eitlen Leute, wie er ſie nen=
net, hernach zu widerlegen, und hält da=
her für nöthig kürzlich zu zeigen, daß
Americus Vespucci, und kein anderer,
der wahre Entdecker der neuen Welt ge=
weſen ſey. Laßt uns ſehen wie er dieſes
bewerkſtelliget. „ Colombo, ſagt er, hat
„ ſich, wie **Francesco Giuntini** anmerket,
„ niemals von ſeinen Inſeln **Española**,
„ **Cuba**, **Jamaica**, und den andern,
„ die an dem **Mexicaniſchen** Meerbuſen lie=
„ gen,

---

t) Ibid. p. 66. Auf dieſe ſo ungeſittete als unge=
rechte Vorwürfe hat der Herr von Voltaire dem
Herrn Abt Bandini bereits geantwortet. Er
ſagt, daß, wenn es gleich wahr wäre, daß A=
mericus Veſpucci das feſte Land in der neuen
Welt entdecket hätte, ihm doch davon nicht die
Ehre, ſondern demjenigen gebührete, der den
Verſtand und den Muth gehabt hätte die erſte
Reiſe dahin zu unternehmen; daß die italieniſche
Nation ſich gar nicht für beleidigt halten könn=
te, wenn man ſagte, daß ein von Genua gebür=
tiger Italiener die Entdeckung gemacht hätte;
und endlich, daß die Spanier am erſten dem
Admiral Colon dieſe Gerechtigkeit hätten wieder=
fahren laſſen, an welche Bandini ſich deswegen
halten müßte. Man ſehe VOLTAIRE dans l'
Eſſai ſur l'Hiſtoire Univerſelle Tom. IV. Ch.
XXII. p. 215. 216. (Edit. de Baſle de 1757. 8.)

„ gen, entfernet, und das feste Land gar
„ nicht berühret, was auch immer ande=
„ re dagegen sagen mögen: aber Ve=
„ spucci hat nicht nur unendlich viele und
„ weit mehrere Inseln, als Colombo
„ entdeckt, sondern auch auf seinen Reisen
„ die Küsten des festen Landes von dem
„ mexicanischen Meerbusen an bis zu dem
„ Lande der Patagonen und dem Flusse
„ De la Plata befahren, wie seine Brie=
„ fe und viele ansehnliche Schriftsteller
„ bezeugen, welche zu allen Zeiten die
„ Entdeckungen des Americus mit einem
„ von Leidenschaften freyen Gemüthe be=
„ trachtet, und sie mit den größten, und
„ seiner Verdienste würdigen Lobsprüchen
„ erhoben haben u)." Man muß sich in
der That über diese kühnen Aussprüche ver=
wundern. Wenn man so, wie der Abt
Bandini, verfahren will; so ist es sehr
leicht, alles zu beweisen, und alles zu
widerlegen: aber es ist auch eben so leicht,
die Unbilligkeit und Ungereimtheit eines
solchen Verfahrens einzusehen. Wie will
er den Giuntini, einen Mathematiker,
der spät im sechszehnten Jahrhundert ge=
lebet

---

u) Vita di Amerigo Vespucci Cap. VI. p. 65.

lebet und geſchrieben hat, und von welchem er weiter nichts, als den bloßen Namen anführet, als einen gültigen Zeugen
für den Americus aufſtellen? und wie
will er ſeinen eigenen Machtſpruch: was
auch immer andere dagegen ſagen mögen, den einſtimmigen Zeugniſſen ſo vie-
ler Spaniſchen Geſchichtſchreiber entgegen
ſetzen, die nicht allein ausdrücklich melden,
daß der Admiral Colon das feſte Land in
der neuen Welt entdecket, ſondern auch,
daß er der erſte geweſen ſey, der es entdeckt hat *uu*)? Aber eben ſo wenig, als
Giuntini oder Bandini hiewider etwas
zu beweiſen vermögen, eben ſo wenig können auch des Americus Briefe zum Beweiſe ſeiner gerühmten großen Entdeckungen angezogen werden. Denn da die Spaniſchen Schriftſteller, die man in dieſer
Sache um ſo viel mehr für unparteyiſch
halten muß, als ſowol Colon als Veſpucci, in Anſehung ihrer, Fremde ſind, dieſen letztern für einen Betrüger erkläret haben *v*), und da überdem ſeine Briefe, wegen der vielen darin befindlichen Widerſprüche und anderer Merkmaale der Un-
wahr-

uu) Man ſehe oben §. 5.
v) Man ſehe oben §. 13. 15.

wahrheit allen Glauben verlieren w); so
können sie am allerwenigsten etwas in sei=
ner eigenen Sache beweisen.   Die ansehn=
lichen Schriftsteller, auf welche Bandini
sich zuletzt beruft x), sind entweder Lob=
redner oder Dichter, oder solche Erdbe=
schreiber gewesen, die lange nach dem Ame=
ricus gelebet, und alles was sie zu seinem
Lobe sagen, auf guten Glauben aus seinen
unglaubwürdigen Briefen genommen haben.
Die Spanischen und Portngiesischen Ge=
schichtschreiber sind diejenigen, auf welche
hiebey das meiste ankommt, weil Americus
seine Reisen auf den Schiffen dieser beiden
Nationen verrichtet hat: aber weder die
ersten noch die andern bezeugen die großen
Entdeckungen, die von dem Americus ge=
schehen seyn sollen, und am allerwenigsten,
daß er sie am ersten gemacht habe.   Daher
hat Bandini, der dieselben der Welt, ohne
den geringsten tüchtigen Beweis, aufdringen,
und seinen Landsmann auf Kosten anderer
groß machen will, eine vergebliche Arbeit
übernommen, und nichts anders gethan,
als

w) §. 11. 12.
x) Er führet ihre Zeugnisse wörtlich an nella vita
   di Amerigo Vespucci Cap. VII. p. 67 · 76.

E

als daß er eine ſchlechte Sache ſchlecht vertheidiget hat.

§. 20.

Der Ruhm des Admirals Colon ſtehet
auf einem weit feſtern Grunde. Er hat nicht
nur die Stimmen aller Völker für ſich, daß
er die neue Welt entdecket, ſondern die vor-
nehmſten Spaniſchen Geſchichtſchreiber bezeugen auch, daß er das feſte Land darin zuerſt gefunden y), und daß dagegen Americus Veſpucci daſſelbe erſt nach ihm geſehen
habe z). Colon iſt alſo der erſte und wahre Erfinder der neuen Welt überhaupt geweſen, und Veſpucci hat ſich die Entdeckung
des feſten Landes unrechtmäßiger Weiſe zugeeignet. Es kommt jedoch, bey Entſchei-
dung der Frage, wer von beiden für den erſten Erfinder des vierten Welttheils zu halten ſey, gar nichts auf die erſte Entdeckung
des feſten Landes an; geſetzt, daß man dieſelbe, der Wahrheit zuwider, dem Veſpucci
zugeſtehen wollte. Denn da es unſtreitig iſt,
daß der Admiral Colon die erſte Reiſe nach
dieſem allen Menſchen unbekannten Welttheil-
le gethan hat, ſo ſind alle diejenigen, welche
dieſelbe nach ihm verrichtet haben, auf dem
ihnen

y) Man ſehe oben §. 3, 4, 5, 14.
z) Man ſehe §. 10.

ihnen durch ihn gezeigten Wege dahin ge=
kommen. Sie können daher, wenn sie gleich
noch so vieles entdecket haben, auf weiter
nichts als die zweite Stuffe des Verdienstes
und des Ruhms Anspruch machen, weil es
etwas leichtes ist auf einem gebahnten Wege
weiter zu gehen. Wenn man nun vorausse=
tzet, daß derjenige, der ein so ungemein gros=
ses bisher unbekanntes Land zuerst gefunden
und bekannt gemacht hat, die Ehre verdiene,
daß es von seinem Namen benannt werde;
so ist dieselbe ein ungezweifeltes Eigenthum
des ersten und wahren Entdeckers der neuen
Welt, Christoph Colons, so wie ihm solche
auch der Geschichtschreiber Herrera und an=
dere berühmte Spanische Schriftsteller zuge=
sprochen haben *a*). Allein **Americus Ves=
pucci** ist nunmehr gar zu lange in dem Besitze
dieser Ehre. Und obgleich solcher Besitz offen=
bar unrechtmäßig und erschlichen ist *b*); so
hat doch ganz Europa, mit allgemeiner Ein=
stimmung, ihn darin bestättiget. Es scheinet
demnach ein so verwegenes als vergebliches
Unternehmen zu seyn, wenn man diese durch
eine so lange Verjährung gebilligte Unge=
rech=

a) Man sehe §. 16, 17.
b) S. §. 14, 15, 16.

Inhalt.

E 4

das=

dasjenige nach, was dieser von **Behaims** Entdeckungen gerühmet hat.

§. 7. Bestimmung der Sätze, die erwiesen werden müssen, wenn man Behaimen für den Erfinder der neuen Welt erkennen soll.

§. 8. Es ist zweifelhaft, ob **Behaim** die Azorischen Inseln entdecket habe. Er ist wenigstens nicht der Befehlshaber in diesem Seezuge gewesen.

§. 9. Die Gründe derjenigen Schriftsteller, welche **Martin Behaimen** die Entdeckung der Inseln der neuen Welt, der Landschaft **Brasilien** und der Magellanischen Meerenge zuschreiben, werden geprüfet, und ihre Unzulänglichkeit wird gezeiget.

§. 10. Es wird ferner gezeiget, daß es eben so unglaublich sey, daß **Colon** und **Magellan** Behaims Landkarte gesehen haben, als es unwahr ist, daß auf derselben

selben und auf der Erdkugel etwas von der neuen Welt abgezeichnet gewesen sey.

§. 11. Stüven sucht zu beweisen, daß Colon die erste Kenntniß von der neuen Welt von Behaimen bekommen habe; und zwar 1) aus den gewissen Nachrichten, die er davon, vor der Entdeckung, gehabt hätte;

§. 12. Hiernächst. 2) daraus, daß Colon den Portugiesen und nicht den Genuesern den ersten Antrag zu seiner Entdeckung gethan habe;

§. 13. Und endlich 3) aus seiner Standhaftigkeit in seinem Vorhaben. Der Ungrund von diesem allen wird gezeiget.

§. 14. Gründe, die Colon gehabt hat seine Reise nach der neuen Welt zu unternehmen.

§. 15. Noch ein Beweis, wodurch Stüyen darthun will, daß Colon seine

E 5   Nach=

Nachrichten von der neuen Welt aus Behaims Landkarte bekommen habe, wird
widerlegt und zuletzt geschlossen, daß jenem,
und nicht diesem die Ehre der ersten Entdeckung der neuen Welt zu komme.

§. 16. Betrachtung über diese Streitsache.

§. 17. Anmerkung über das Betragen,
welches König Johann II. von Portugal
und Martin Behaim selbst, zur Zeit des
von Colon gemachten Entdeckung der neuen
Welt, beobachtet haben; woraus gezeiget
wird, daß Behaim an dieser Entdeckung
auf keinerley Weise einen Antheil habe.
Beschluß der Abhandlung.

§. 1.

Jn der vorigen Abhandlung hat man zu
zeigen gesucht, daß Christoph Colon der erste und wahre Erfinder der
neuen Welt gewesen sey, und daß Americus Vespucci, ob sie gleich von ihm den
Namen bekommen, sich dieses Verdienst
mit Unrecht zugeeignet habe. Allein er ist
nicht der einzige, der auf den glänzenden
Vorzug die Grenzen der Erde erweitert
zu haben Anspruch gemacht, sondern einige deutsche Gelehrten haben in neueren
Zeiten einen andern Prätendenten auf den
Schauplatz gestellet, der dem Colon und
Vespucci den Weg nach dem vierten Welttheile gezeiget, und sie folglich alle beyde von der Ehre der ersten Entdeckung
ausgeschlossen haben soll. Und wer kan
dieser wol anders seyn,

als

- - - - - als *MARTIN BEHAIM*, den
NYRNBERG erzogen,

- - - der auf dem meere sein haus sich
gewaehlt hat a)?

Es ist dieses berühmten Seefahrers und
seiner Landkarte, worin die neue Welt
abgezeichnet seyn soll, in gedachter Ab=
handlung, wiewohl nur kürzlich, Erwäh=
nung geschehen, weil man die Sache nicht
für wichtig genug angesehen hatte, um
sich dabey weitläuftiger aufzuhalten. Da
aber einige berühmte Männer, deren Ein=
sichten ich verehre, dieselbe von einer an=
dern Seite betrachtet, und geglaubet ha=
ben, daß sie deswegen eine genauere Un=
tersuchung verdiente, weil es hiebey auf
die Ehre der Deutschen ankäme, welcher
ein großes zuwachsen würde, wenn Mar=
tin Behaims gerühmte Entdeckungen er=
wiesen werden könten; so bin ich dadurch
bewogen worden einen Versuch zu thun,
ob ich dieses zu bewerkstelligen vermögte.
Ich muß aber gleich zum voraus beken=
nen, daß der Erfolg meiner Bemühungen
nicht mit meinen Wünschen übereingestim=
met habe, und daß ich die Ehre der Ent=
deckung

a) Bodmers COLOMBONA S. 27.

deckung des vierten Welttheils für die Deut=
schen verlohren gebe.

§. 2.

Der berühmte Altorfische Lehrer, Jo=
hann Christoph Wagenseil ist, wie es
scheinet, der erste gewesen, welcher dieselbe
Martin Behaimen zugeschrieben hat. Er
erzählet von ihm, daß, nachdem er von
seiner ersten Jugend an sich der Erdbeschrei=
bung und Sternkunde gewidmet, und ver=
schiedene Reisen zu Wasser und zu Lande
gethan hätte, er zuletzt in die Dienste der
verwitweten Herzoginn von Burgund, Isa=
bella, einer Tochter König Johanns I.
von Portugal, die nach ihres Gemahls
des Herzogs Philipps des Guten Tode
die Regierung geführet, getreten wäre;
daß er von derselben ein Schiff bekommen,
womit er über die bisher bekanten Gren=
zen des westlichen Weltmeers gesegelt, und
zuerst die Insel Fayal, hernach aber die
andern benachbarten Inseln, welche die
Azorischen oder Habichtsinseln genant
worden, entdecket; daß er sie mit nieder=
ländischen Colonien, von denen man ih=
nen auch den Namen der Flandrischen In=
seln gegeben, besetzet hätte, und daß er
                                        end=

endlich auf einer andern Reiſe in dem At-
lantiſchen Oceane bis zu denjenigen Inſeln,
welche von Chriſtoph Colon hernach geſucht und bekannt gemacht worden, ja bis
zu der nachmals ſogenannten Magellani-
ſchen Meerenge geſchiffet wäre: weswegen
auch der vierte Weltttheil billig Bohemia
Occidentalis, und die eben erwähnte Meerenge Fretum Bohemicum genannt werden
ſollte b). Die Veranlaſſung Behaimen
die Entdeckung der neuen Welt zuzueignen
hat Wagenſeil, allem Anſehen nach, in
einer gewiſſen von ihm angeführten Stelle
des Riccioli gefunden, welcher ſagt, „ daß
„ Chriſtoph Colon entweder aus eigener
„ Einſicht, als ein in der Sternkunde,
„ Erdbeſchreibung und Naturlehre erfahr-
„ ner Mann, oder zufolge der von Mar-
„ tin Bohemus, oder nach der Spanier
„ Vorgeben, von einem Schiffer, Na-
„ mens Alfonſus Sanchez, erhaltenen
„ Anzeige, auf die Schifffahrt nach Weſt-
„ indien

b) JO. CHRISTOPH. WAGENSEILII Sacra Paren-
talia B. Georgio Friderico Behaimo dicata p. 16.
17. &c. Ejusd. Synopſ. Hiſt. Univerſ. (in Pera
libror. juvenil. loculum III.) Monarch. IV. Saec.
XV. p. 528. 529.

„ indian gedacht hätte c). "   Von Be=
hainis Seekarte, mittelst deren Magellan
die hernach von ihm benañte Meerenge ent=
decket haben soll , führet er ein Zeugniß
des Hieronymus Benzo aus dessen Ge=
schichte der neuen Welt an, worin es heißt:
„ Magellan wußte, daß daselbst eine Meer=
„ enge war, weil er, wie gesagt wird, die=
„ selbe auf einer Seekarte gezeichnet gese=
„ hen hatte, die von einem vortrefflichen
                                    „ See=

c) Vid. WAGENSEIL. Synopf. Hiftor. Univerf. p.
527. 528. wo er die Worte des Riccioli aus def=
fen Geogr. & Hydrograph. reform. Lib. III. Cap.
XXII. p. 93. anführet.   Sie laüten alfo: Chri-
ftophorus Columbus - - - five fuopte ingenio,
ut erat vir Aftronomiae, Cosmographiae & Phy-
fices gnarus, five indicio habito a MARTINO BO-
HEMO, aut ut Hifpani dictitant, ab Alphonfo
Sanchez de Helva nauclero, - - - cogitavit de
navigatione in Indiam Occidentalem.   Was Ric=
cioli hier von Martin Behaim so zweifelhaft
fagt, dazu hat ihn vielleicht Herrera veranlaf=
fet.   Nachdem dieser Geschichtschreiber die Grün=
de, woraus Colon geschlossen hatte, daß in We=
ften ein großes noch unentdecktes Land liegen
müßte, angeführet hat; so setzet er hinzu, daß
Martin de Bohemia, ein Portugiese, von der
Insel Fayal gebürtig, (so nennt er ihn aus Irr=
thum) ihn in dieser Meynung bestärket hätte.
S. ANTONIO DE HERRERA en la Hiftoria general de los Hechos de los Caftellanos en las Islas
y Tierra firma del Mar Oceano, Dec. I. Lib. I.
Cap. II. p. 4.

„ Seemanne, Martin Bohemus, ver-
„ fertiget war, und welche der König von
„ Portugal in seinem Cabinette verwahre-
„ te d)." Ferner beruft sich Wagenseil
auf den Johannes Natalius Metellus,
der in seinem Werke, Speculum Orbis
Terrae genannt, auch einer von Martin
Behaim gemachten Seekarte gedenket,
welche König Emanuel von Portugal in
seinem Cabinette verwahret hätte, und
worin der Ort der Moluckischen Inseln abgezeichnet stünde e). Endlich rückt er noch
eine

d) Vid. WAGENSEIL Sacr. Parental. p. 20. Die
angeführte Stelle ist folgende: *Magellanus* ta-
men fretum istic esse norat, quia *ut fertur,* in
Charta marina adnotatum viderat, descripta ab
insigni quodam Nauclero, cui nomen MARTINVS
BOHEMVS, quam Lusitaniae Rex in suo Museo ad-
servabat. Man findet sie in THEODORI DE
BRY America, Part. IV. p. 66. als eine Anmerkung zum 14ten Cap. des 3ten Buchs von HIE-
RON. BENZONIS Nova novi Orbis Historia, welche Urban Calveton oder Chauveton aus dem Ja-
lienischen in das Lateinische übersetzt, und de
Bry in den eben angezogenen 4ten Theil seines
Werkes eingerückt hat. Die angeführten Worte haben also nicht den Benzo zum Verfasser, welches auch daraus offenbar ist, daß sie in der von
Chauveton im Jahre 1581. in 8. zu Genf besorgten
und mit seinen Anmerkungen versehenen Ausga-
be dieses Schriftstellers gar nicht stehen.

e) WAGENSEIL in Synops. Hist. Univ. p. 530.

eine Stelle aus des Aeneas Sylvius,
nachherigen Pabsts Pius II. Buche de
Europae sub Friderico III. Imperatore
Statu wörtlich ein, ob er gleich selbst ge-
stehet, daß sie falsch und untergeschoben
sey. Deren Inhalt läuft hierauf hinaus,
„ daß Jacob de Cano, ein Portugiese,
„ und Martin Bohemus, ein Deutscher
„ aus Nürnberg, in dem südlichen Mee-
„ re über die Mittellinie geschiffet, und in
„ eine andere Welt gekommen wären, wel-
„ che sie also zuerst entdecket hätten *f*).
Nächst allen diesen Zeugnissen beruft sich
Wagenseil auf unzweifelhafte Urkunden
des Nürnbergischen Archivs, und vornemlich auf die Nachrichten in dem Archive der Behaimischen Familie, wo sich auch
Martin Behaims wahres Bildniß und
eine sehr große von ihm verfertigte Erdkugel

f) WAGENSEIL Synops. Hist. Universal. p. 530.
531. Johann Gabriel Doppelmayr in seiner hi-
storischen Nachricht von Nürnbergischen *Mathe-*
maticis und Künstlern, S. 28. not. (u) zeiget,
daß diese untergeschobene Stelle aus D. Hart-
mann Schedels Chronico Mundi p. 290. hergenommen sey. Denn Pabst Pius II. war schon
im Jahre 1464. gestorben, und konte also von einer 20. Jahre hernach geschehenen Sache nicht
schreiben.

gel befände. Auf dieser, fügt er hinzu,
wäre zwar nicht das feste Land von America, aber doch viele Americanische in dem
großen Ocean zerstreuete Inseln, ohne
Titel und Namen, abgezeichnet g).

§. 3.

Das Ansehen, welches ein so großer
Mann, als Wagenseil, in der gelehrten
Welt hatte, ist Ursache gewesen, daß andere ihm in seiner Erzählung von Martin
Behaim nachgefolget sind, und dieselbe,
auf guten Glauben, angenommen haben.
Sie bekam hernach gar bald in verschiedenen zur Geschichtkunde oder Erdbeschreibung gehörigen Büchern und Schriften eine Stelle, und unter andern haben sie Johann Wülfer h) Christoph Cellarius i), Magnus Daniel Omeis k),
mit weniger Veränderung Wagenseilen,
nebst den von ihm angeführten Beweisen,
nach-

g) WAGENSEIL Synopf. Hist. Universal. p. 530.

h) JO. WÜLFER in Disquisitione de maioribus O-
ceani Insulis p. 30. 31. & in Annotat. n. 34.

i) CHRISTOPH. CELLARIVS in Hist. Univerf.
P. II. p. 203. 204.

k) MAGNVS DANIEL OMEISIVS de claris qui-
busdam Norimbergensibus p. 13. 14.

nachgeschrieben. Dabey lassen sie es an
den prächtigsten Lobsprüchen, die eine so
große That, als die Entdeckung einer neuen
Welt ist, verdienet, nicht ermangeln,
und bezeigen ihren Unwillen darüber,
daß andere den von Behaimen dadurch verdienten Ruhm davon getra-
gen hätten.

§. 4.

Allein, unter allen hat Johann Frie-
derich Stüven in einer besondern Abhandlung von dem wahren Erfinder der
neuen Welt den größten Eifer bewiesen
Behaims Verdienste zu verherrlichen,
und sie in dem besten Lichte vorzustellen.
Nachdem er mehr als die Hälfte seines Bu-
ches mit kritischen Untersuchungen ange-
füllet, und darin zu zeigen gesucht, daß
Salomons Ophir und Platons Atlan-
tis nicht America, und dieses auch den
Alten nicht bekant gewesen sey; nachdem er
ferner die Frage, ob die Apostel, der Prinz
Madoc von Wallis und die Spanier
vor Colons Zeiten dahin gekommen wären, erörtert, und bey dieser Gelegenheit
zugleich von dem Erfinder des Seecompas-

ses

ſes gehandelt hat *l*): ſo bricht er endlich voller Freude aus, daß die Weiſſagung des **Seneca** von der Entdeckung der neuen Welt nunmehr erfüllet worden ſey *m*). „Denn, ſagt er, was die vorige Zeit „nicht geſehen hat, iſt endlich im 15ten „Jahrhunderte nach Chriſti Geburt, zum „Erſtaunen der alten Welt, geſchehen, „da der göttliche Held, **Martin Be-** „**haim**, über die bisher bekanten Gren= „zen des Oceans geſchiffet, und nach Ent= „deckung der Azoriſchen Inſeln zu der un= „bekanten Küſte von **America** gelanget, „ja bis zu der Meerenge, die hernach die „**Magellaniſche** genañt worden, gekom= „men iſt *n*).” Er beſchreibet hernach **Behaims** Reiſen und Entdeckungen weit= läuf=

---

l) JO. FRID. STÜVENII de vero novi orbis inventore Diſſert. Hiſtorico-Critica Cap. I. - IV. p. 6-37.

m) Sie iſt bekanter Maaßen in den folgenden Ver= ſen enthalten:

- - - - - - Venient annis
Saecula ſeris, quibus Oceanus
Vincula rerum laxet, & ingens
Pateat tellus, Tiphysque novos
Detegat orbes; nec ſit terris
Ultma Thule. - - -

SENECA in Medea V. 374-379.

n) STÜVEN Cap. V. §. 1. p. 37. 38.

läuftiger aus dem **Wagenseil**, und mit
fast eben den von diesem erzählten Umstän=
den, womit ich mich aber, um unangeneh=
me Wiederholungen zu vermeiden, nicht
aufhalten, sondern nur die Zusätze, womit
er **Behaims** Geschichte vergrößert und
vollständiger macht, anführen will.   Die=
se bestehen vornemlich darin, daß er sei=
ne in der neuen Welt vor **Christoph Co=
lon** gemachte Entdeckungen auf einer Land=
karte abgezeichnet, und dieselbe, bey sei=
ner Zurückkunft, dem Könige von **Por=
tugal Alfonsus V.** überreicht; daß **Chri=
stoph Colon**, als er sich in **Portugal**
aufgehalten, solche gesehen, und daher
den Entschluß gefaßt eine Reise nach diesen
neuen Ländern zu unternehmen, so, wie
auch nachgehends **Magellan** die Meerenge,
die von ihm benañt worden, daraus ken=
nen gelernet hätte; daß **Behaim**, um
seinen Schifffahrten ein offenbares Denk=
mahl zu stiften, dieselben und die darin
entdeckten Americanischen Inseln, nebst
dem festen Lande und der Magellanischen
Meerenge auf einer von ihm verfertigten
Erdkugel abgezeichnet, und diese seinem
Sohne hinterlassen hätte, und daß endlich

die=

dieselbe noch jetzo in dem Besitze der Herren von Behaim zu Nürnberg wäre. Er beruft sich hiebey, außer den von Wagenseil bereits aus dem Riccioli und De Bry angezogenen Stellen, auf die Nachrichten des Nürnbergischen Archivs, woraus, wie er versichert, alles, was er von Behaim gemeldet hätte, hergenommen wäre, und sagt, daß man denenselben, als öffentlichen Urkunden, die Glaubwürdigkeit nicht absprechen müßte o).

§. 5.

Also sehen wir, wie Behaims Geschichte, und besonders die Erzählung von seiner Landkarte und Erdkugel in Stüvens Händen eine ganz andere und weit ansehnlichere Gestalt bekommen habe, als Wagenseil ihr gegeben hatte. Denn dieser meldet allein, daß auf der Landkarte die Magellanische Meerenge, und auf der Erdkugel viele Americanische Inseln zu sehen wären p). Stüven hingegen sagt auf eine ganz bestimte Weise, daß auf dieser Landkarte Behaims in der neuen Welt vor Christoph Colon gemachte Entdeckungen,
und

---

o) STÜVEN Cap. V. §. 3-6. p. 39-43.

p) S. oben §. 2.

und besonders auf der Erdkugel die dazu
gehörigen Inseln, nebst dem festen Lande
und der Magellanischen Meerenge abgezeich=
net stünden.   Wenn dieses seine Richtig=
keit hat; so können Behaims Verdien=
ste um die Entdeckung des vierten Welt=
theils im geringsten nicht in Zweifel gezo=
gen werden.   Weil also die Hauptsache
auf diese Erdkugel ankommen wird; so
will ich die Geschichte derselben, so, wie
Doppelmayr sie in Behaims Lebensbe=
schreibung kürzlich erzählet, hier beyfügen.
„ Ao. 1492. sagt er, nahme unser Herr
„ Behaim aus Portugal eine Reise nach
„ Teutschland vor, und besuchte zu Nürn=
„ berg seine wertheste Angehörige zu ihrer
„ besondern Freude, woselbsten er einen
„ Erd=Globum, in Diametro bey 20.
„ nürnbergischen Zollen mit der Feder ge=
„ zeichnet und illuminiret, verfertigte,
„ und solchen, als ein zur selbigen Zeit
„ gar rares Werk, zum immerwähren=
„ den Andenken den Seinigen zurück ließ
„ se, der annoch als ein wegen des Al=
„ terthums auch vorjetzo rares Stück in
„ dem Behaimischen Archiv aufbehalten

F 4   „ wird

„ wird q). ”   Sonst schreibet Doppel=
mayr, so, wie Wagenseil und Stüven,
Behaimen gleichfals die Entdeckung der
Azorischen Inseln , der Magellanischen
Meerenge, und besonders desjenigen Theils
von America zu, den man jetzo Brasilien
nennet, und behauptet hiernächst, daß er
durch seine Landkarte sowol dem Colon als
Magellan den Weg gewiesen, und folg=
lich der Ruhm der ersten Entdeckung, wel=
chen man diesen beyden zugeeignet hätte,
mit mehrerem Rechte ihm zuerkant werden
müßte r).   Er beruft sich aber hiebey gar
nicht auf die Behaimische Erdkugel, wie
Stüven und andere gethan, und wir wer=
den hernach sehen , daß er dazu gute Ur=
sachen gehabt habe.   Diese würden viel=
leicht einen jeden andern, der weniger Auf=
richtigkeit gehabt hätte , abgehalten haben
diese berufene Erdkugel bekant zu machen.
Allein er hat hierin mit gutem Glauben
gehandelt, und eine deutliche Abbildung
derselben in einer Kupfertafel herausgege=
ben

q) Johann Gabriel Doppelmayrs historische Nach=
richt von den Nürnbergischen *Mathematicis* und
Künstlern S. 30.

r) Dopoelmayr S. 27. 28. 29.

ben s). Daburch ist der Welt und der
Wahrheit ein recht großer Dienst geschehen,
weil es nunmehr weit leichter ist, von Be=
haims Entdeckungen ein richtiges Urtheil
zu fällen, und ihre Gewißheit oder Un=
gewißheit zuverläßig zu bestimmen.

§. 6.

Dieses wird indessen vielleicht für eine
unnöthige und überflüßige Arbeit angesehen
werden, nachdem so viele und berühmte
Männer, die ich angeführet, bereits den
Ausspruch für Behaimen gethan haben.
Diesen tritt der Verfasser der akademischen
Streitschrift von den Säulen des Hercu=
les vollkommen bey. Er erzählet alles,
was Stüven von Behaims Entdeckun=
gen, von seiner Landkarte und Erdkugel
geschrieben, und zuweilen mit dieses Schrift=
stellers eigenen Worten, und beruft sich
dabey insonderheit auf diese Erdkugel als
eine unverwerfliche Zeugiñ der Reise, auf
welcher er das heutiges Tages sogenann=
te

---

s) Er hat dieselbe seiner eben angezogenen Nach=
richt von den Nürnbergischen *Mathematicis* und
Künstlern beygefüget.

F 5

te America entdecket hätte t). Weil diese gelehrte Streitschrift den Namen eines
sehr berühmten Mannes an der Stirne trägt;
so hat der Beyfall desselben den Beyfall anderer nach sich gezogen, die nach ihm Gelegenheit gehabt haben, diesen Gegenstand
zu berühren; und daher wird Behaims
Entdeckung der neuen Welt anjetzo von
vielen fast als eine Sache, die ihre völlige
Richtigkeit hätte, angesehen u). Die Ursache hiebon ist leicht einzusehen. Denn,
so wie die erste Erzählung dieser Geschichte nach und nach durch mehrere Hände gegangen; also ist sie immer vergrößert, mit
neuen Umständen ausgeschmückt, und zuletzt in eine Form gegossen worden, worin sie den äußerlichen Schein der Wahrheit bekommen hat. Allein das Wesen
derselben haben ihr die verschiedenen und
theils

t) CHRIST. GOTTL. SCHWARZII & IO. CONR.
LOEHE Dissert. de *Columnis Herculis* §. XIII. p.
33. 34.

u) Man sehe des Hrn. v. popowitsch Untersuchungen vom Meere Th. 1. S. 35. Progrés des Alle-
mands dans les sciences, Ch. II'. p. 72. wo der
Verfasser die Erzählung von Behaims vermeyn-
ter Entdeckung der neuen Welt eine sehr merk-
würdige Anecdote nennt, und dafür hält, daß
man an ihrer Wahrheit fast nicht zweifeln
könne.

theils berühmten Schriftsteller, die daran
gearbeitet, mit allen ihren Bemühungen
nicht geben können.   Dies wird aus dem
folgenden augenscheinlich erhellen.

§. 7.

Wenn ich alles, was diese Männer von
Martin Behaims Entdeckungen erzählen, kurz zusammen fasse, so komt es auf
folgende Hauptumstände an: 1) daß er in
der regierenden Herzogin Isabella von
Burgund Diensten die Azorischen Inseln
entdeckt und bevölkert; 2) daß er auf einer andern Weise die nachher von Christoph Colon entdeckten Inseln, ferner
das feste Land der neuen Welt, insonderheit Brasilien, und endlich die Magellanische Meerenge gefunden, und 3) daß er
alle diese Entdeckungen in einer dem Könige Alfonsus V. von Portugal überreich-
ten Landkarte, welche Colon und hernach
Magellan gesehen, und endlich auch auf
der von ihm verfertigten Erdkugel abgezeichnet habe.   Diese Punkte, und besonders die beiden letztern sind es, die vollkommen erwiesen werden müssen, wenn
wir Behaimen für den Erfinder des vierten Welttheils erkennen sollen.   Wir wollen

len demnach sehen, wie die Schriftsteller,
welche dieses behaupten, ihren Beweis ge=
führet haben.

§. 8.

Was 1) die von Martin Behaimen
geschehene Entdeckung und Bevölkerung
der Azorischen Inseln, wozu ihm die da=
mals regierende verwitwete Herzogin Isa=
belle von Burgund Vorschub gethan ha=
ben soll, anlanget; so beruhet dieselbe fast
allein auf Wagenseils Zeugnisse, weil er
die von ihm erwähnten Urkunden der
Nürnbergischen und Behaimischen Archive,
die solche beweisen sollen, nicht bekañt ge=
macht hat. Bey den ältesten und an Be=
haims Zeiten am nächsten reichenden Ge=
schicht=und Erdbeschreibern findet man da=
von keine genugsame Nachricht, und die
Sache ist nicht außer Zweifel. Zum we=
nigsten erzählet Wagenseil von der Her=
zogiñ von Burgund einen unrichtigen Um=
stand, welchen ihm Cellarius, Stüven,
Doppelmayr und der Verfasser der Streit=
schrift von den Säulen des Hercules,
nebst andern, auf sein Wort, nachgeschrieben
haben. Er, und sie alle sagen mit ihm,
daß diese Prinzeßiñ nach ihres Gemahls,
des

des Herzogs von **Burgund**, **Philipps des
Guten**, Tode die Regierung in den Nie=
derlanden geführet habe *v*). Wenn die=
ses sich so verhielte; so müßte es eine vor=
mundschaftliche Regierung für ihren Sohn,
den nachher so berühmten **Carl den Küh=
nen** gewesen seyn. Allein, dieser war, bey
seines Vaters im Jahre 1467. erfolgtem
Absterben, beynahe 34. Jahre alt, und
trat unmittelbar nach ihm die Regierung
aller seiner Staaten an *w*). Jedoch ist
es dem ohngeachtet gar wohl möglich, daß
die Herzogiñ **Behaimen** ein Schiff zu sei=
ner Reise verschaffet habe: aber dieses muß
schon vor ihrem Witwenstande geschehen
seyn, wenn sonst **Doppelmayr** die Zeit
dieser Entdeckung, welche er in das Jahr
1460. setzet *x*), richtig bestimmet hat.
Unterdessen glaube ich nicht, daß **Behaim**
die Hauptperson oder der Befehlshaber in
die=

---

v) WAGENSEIL in Synops. Hist. Univ. p. 528.
　　CELLARIVS in Hist. Univ. P. II. p. 203. STÜ-
　　VEN de vero novi orbis inventore Cap. V. §. 3.
　　p. 39. 40. Doppelmayr von den nürnbergischen
　　Mathemat. und Künstl. S. 27. SCHWARZ de
　　Column. Hercul. §. 13. p. 33.

w) Man sehe die allgemeine Geschichte der verei=
　　nigten Niederlande 2. Th. 13. B. §. 22, S. 177.

x) Doppelmayr S. 27.

diesem Seezuge gewesen sey. Ich schließe
dieses daraus, daß er sich selbst nicht die
Entdeckung und Bevölkerung der gedachten
Inseln, sondern die letztere ausdrücklich
seinem Schwiegervater, dem Herrn von
Murkirchen zuschreibet, und dabey mel=
det, daß der König von Portugal diesem
die Inseln geschenket hätte y). Jedoch
will

y) Man sehe die der Behaimischen Erdkugel von
ihm selbst beygefügte Beschreibung, wo es auf
der östlichen Halbkugel not. g) heißt: Anno 1466.
hat der König von Portugall diese Insuln (die A=
zorischen oder vielleicht Fayal allein, von Flei=
siger bitte wegen geschenckt dem Murkirch, der
Volk aus Flandern dahin geführt, dieselbe Insul
bewohnt, besizt, und Regiert mein lieber Schwe=
her. Dieser Murkirch, Behaims Schwieger=
vater, wird in einer von Wülfern in Disquisit.
de majoribus Oceani Insulis. p. 191. eingerückten
Urkunde Jobst von Hurter, Ritter, Herr zu Ha=
brukh oder von Murkirchen genant, und zugleich
gemeldet, daß Frau Isabelle, Herzogin von
Burgund, des gemelten Künigs, (Johanns II.)
Schwester, (welches falsch ist, weil sie seines
Großvaters, König Eduards Schwester war)
ihm diese Insul (Fayal) eingegeben, als ein
Haubtmann darüber. Dieses scheinet Behaims
eigener Nachricht, nach welcher der König von
Portu al Murkirchen diese Insul geschenket hat,
zu widersprechen. Aber es mag von beyden
wahr seyn, welches wolle; so läßt sich wenig=
stens dieses daraus schließen, daß Murkirch
die Hauptperson bey dieser Entdeckung und Be=
völke=

will ich hiedurch Behaimen die Ehre dieſer Entdeckung nicht ſchlechterdings abſprechen, beſonders da in der Hauptſache hierauf nichts ankoͤmt.

§. 9.

Denn dieſe beſtehet darin, daß 2) Martin Behaim auf einer andern Reiſe die von Chriſtoph Colon hernach gefundenen Inſeln, ferner das feſte Land der neuen Welt, beſonders Braſilien, und endlich die Magellaniſche Meerenge entdekket habe. Denn alles dieſes wird ihm ausdruͤcklich zugeſchrieben, und daraus der Schluß gemacht, daß er dem Colon den Weg nach der neuen Welt gezeiget habe. Zum Beweiſe fuͤhret Wagenſeil und alle anderen, die ihm dieſes nachgeſchrieben haben, eine Stelle aus dem Riccioli an, die ich ſchon oben woͤrtlich eingeruͤckt habe z). Dieſer ſagt, „ daß Colon entweder aus „ eigener Einſicht, oder zufolge der von „ Martin Boheinus, oder von Alfonſus „ San-

voͤlkerung geweſen ſey. Waͤre Behaim es geweſen, ſo wuͤrde er vermuthlich ſolche Inſeln, oder die Statthalterſchaft daruͤber ſelbſt bekommen haben.

z) S. oben §. 2. c)

„Sanchez erhaltenen Anzeige, auf die
„Schifffahrt nach Westindien gedacht
„hätte.„ Riccioli trägt hier also drey
Meynungen von den Ursachen vor, die
den Colon veranlasset hätten den un=
bekañten vierten Welttheil zu suchen: aber
er bestiñt nichts, und läßt alles völlig un=
entschieden. Wie ist nun in einer so zwei=
felhaften und unbestimten Erzählung das=
jenige enthalten, was man daraus bewei=
sen will, nämlich, daß Behaim die neue
Welt gefunden, und andern den Weg
dahin gezeiget habe? Ja wenn auch Ric=
cioli dieses mit ausdrücklichen Worten ge=
sagt hätte; so köñte man doch seinem, als
eines neuen Schriftstellers Zeugnisse, oh=
ne andere von ihm gegebene Beweisthü=
mer, keinen Glauben beymessen. Und
dem ohngeachtet will man nicht allein die=
ses, sondern, wie wir hernach sehen wer=
den, noch ein weit mehreres daraus bewei=
sen. Allein, vornemlich werden Behaims
Landkarte und Erdkugel zu Hülfe genom=
men, um seine Entdeckungen außer Zwei=
fel zu setzen, und sie gleichsam augenschein=
lich zu zeigen. Wagenseil beruft sich auf
die letztere, in Ansehung der Inseln der
neuen

neuen Welt *a*), und auf die erstere, in Ansehung der Magellanischen Meerenge *b*), worin Cellarius und Omeis ihm folgen *c*). Stüven glaubet nicht allein den Beweis der von Behaim entdeckten Americanischen Inseln und der Magellanischen Meerenge, sondern auch des festen Landes, auf dieser Landkarte und Erdkugel zu finden, weil er ganz bestimt sagt, daß derselbe alles dieses darauf abgezeichnet hätte *d*). Wir werden alsobald das Gegentheil und die Nichtigkeit dieses Beweises sehen, und daher nicht nöthig haben, uns hier länger dabey aufzuhalten. Allein, gleichwie Doppelmayr mit Wülfern *e*) den Theil der neuen Welt, welchen Behaim gefunden haben soll, genauer bestimt, und ausdrücklich sagt, daß er das nachgehends sogenañte Brasilien gewesen sey

---

a) WAGENSEIL in Synopf. Hiſt. Univ. p. 529.

b) Id. in Sacr. Parental. Behaim. p. 17.

c) CELLAR. in Hiſtor. Univ. P. II. p. 204. OMEIS. de claris Norimberg. p. 14.

d) STÜVEN de vero Novi Orbis inventore Cap. V. §. 5. 6. p. 41. 42.

e) In Diſquiſit. de majorib. Oceani Inſulis p. 30.

G

sey *f*); also führet er, um dieses zu beweisen, Schedels Chronik an, worin erzählet wird, „daß König Johann II. von
„Portugal im Jahre 1483. Jacob de Ca-
„no, einen Portugiesen, und Martin
„Bohemus, einen Deutschen aus Nürn-
„berg, mit etlichen Galeeren gegen Aethio-
„pien ausgeschicket hätte; daß sie in dem
„südlichen Meere nicht weit von der Küste
„geschiffet, und nachdem sie über die Li-
„nie gegangen, in die andere Welt gekom-
„men wären, wo ihr Schatten, wenn sie
„gegen Morgen gestanden, mittagwärts
„und zur rechten gefallen sey; daß sie sol-
„chergestalt eine neue und bisher unbekañ-
„te Welt, welche in vielen Jahren von
„keinem, als den Genuesern, wiewol
„vergeblich, gesucht worden, entdeckt;
„daß sie endlich nach einer 26 monatli-
„chen Schifffahrt zurück gekommen, und
„zum Wahrzeichen Pfeffer und Paradies-
„körner mitgebracht hätten *g*).“ Wenn
man

f) Doppelmayr, S. 28.

g) Dies ist eben diejenige Stelle, welche Wagenseil aus des Aeneas Sylvius Buche de Europae
sub Friderico III. Imperatore Statu, worin sie
aus Schedels Chronico Mundi eingerückt worden,
aus

man jedoch diese Stelle, welche ich unten
beygefüget habe, in ihrem Zusammenhan=
ge ansiehet; so wird ein jeder sich bey dem
ersten Anblicke überzeugen, daß hier keines=
weges von dem nachher sogenañten Ameri=
ca die Rede sey, sondern der Verfasser der
Chro=

anführet. Man sehe oben §. 2. und in not. f).
Sie lautet also: Anno Domini 1483. Iohannes se-
cundus Portugalliae Rex, altissimi vir cordis cer-
tas Galeas omnibus ad victum necessariis instruxit,
easque ultra Columnas Herculis ad meridiem, versus Aethiopiam, investigaturas misit. Praefecit autem his Patronos duos, Iacobum Canum, Portu-
gallensem, & MARTINVM BOHEMVM, homi-
nem germanum ex Nürnberga superioris Germa-
niae de bona Bohemorum familia natum, homi-
nem inquam in cognoscendo situ terrae peritissi-
mum, marisque patientissimum, qui Ptolemaei
longitudines & latitudines in Occidente ad unguem
experimento longaevaque navigatione novit. Hi
duo bono Deorum auspicio mare meridionale sul-
cantes, à litore non longe evagantes superato cir-
culo aequinoctiali in alterum orbem excepti sunt,
ubi ipsis stantibus orientem versus umbra ad meridiem & dextram projiciebatur. Aperuere igitur
sua industria alium orbem hactenus nobis incogni-
tum, & multis annis à nullis quam Ianuensibus,
licet frustra tentatum, peracta autem huiusmodi
navigatione vicesimo sexto mense reversi sunt
in Portugalliam, pluribus ob calidissimi aëris pa-
tientiam mortuis, in signum autem portavere piper,
grana Paradisi multaque alia, quae longum esset
recensere.

G 2

Chronik will nur andeuten, daß diese Seefahrer nachdem sie über die Mittellinie gesegelt, auf die südliche Halbkugel der Erde
gekommen wären. Und da er zugleich
meldet, daß sie gegen Aethiopien ausge-
sandt worden, und daß sie sich in ihrer
Schifffahrt nicht weit von der Küste entfernet hätten, welche keine andere, als die A-
fricanische seyn kann; so ist das von ihnen
entdeckte Land vermuthlich ein Stück von
Africa, und aller Wahrscheinlichkeit nach,
das Königreich Congo gewesen. Denn
dieses liegt jenseit der Mittellinie; und es
ist bekañt, daß Cano solches zuerst entdeckt,
und dadurch die damaligen Grenzen der
Portugiesischen Schifffahrt, welche in diesen Gegenden bisher nur nach Guinea gegangen war, weiter ausgebreitet habe h).
Was also Schedel von der durch diese beyden Seefahrer entdeckten andern und unbekañten Welt sagt, daß kañ gar nicht von
America, oder insonderheit von Brasilien
verstanden werden. Und wenn sie Pfeffer
und Paradieskörner mit sich gebracht haben

h) Vid. EMMAN. TELLESIVS SYLVIVS Marchio
Alegretenſ. de rebus geſt. Ioannis II. Luſitanorum
Regis, p. 140-142. (Edit. Hagae-Comit. 1712. 4).

ben sollen; so haben sie dieselben dort nicht bekommen können, weil dies keine brasili= schen Gewächse sind i). Ich werde nicht nöthig haben, bey diesen aus dem Riccio= li und Schedeln von Behaims Entde= ckung der neuen Welt angeführten Zeug= nissen die Anmerkung zu machen, daß sie unzureichend sind, und dasjenige im gering= sten nicht beweisen, was sie beweisen sol= len: weil dies einem jeden von selbst in die Augen fallen muß. Es ist also nur noch übrig daß wir 3) Behaims Landkarte und Erdkugel, auf welchen seine Entdeckun= gen in der neuen Welt abgezeichnet seyn sollen, betrachten. Es lässet sich von bei= den zwar natürlicher Weise nichts bessers hoffen, weil er, wenn er keine Entdeckun= gen in dem vierten Welttheile gemacht hat, auch keine darauf hat abzeichnen können. Da aber einige dieses ausdrücklich sagen; so wollen wir noch besonders zeigen, daß dies ein ganz ungegründetes Vorgeben sey.

§. 10.

i) Wie wenig aus Schedels angeführter Stelle Behaims Entdeckung der neuen Welt bewiesen werden könne, hat auch der Herr geheime Ju= stizrath Gebauer, in der Portugiesischen Ge= schichte, Th. 1. S. 124, 125. gezeiget.

G 3 II.

§. 10.

Die Frage von Behaims Landkarte und Erdkugel zerfällt in diese zwey Hauptstücke, 1) ob Christoph Colon und Ferdinand Magellan diese Behaimische Landkarte gesehen, und daraus von den unbekañten Ländern und Meeren, die sie hernach entdeckten, Nachrichté bekommen haben, und 2) ob auf derselben und der Erdkugel etwas von der durch ihn vorgeblich entdeckten neuen Welt abgezeichnet sey? Vorläufig entstehet ein Zweifel wegen der Zeit, da Martin Behaim seine zweyte Reise, auf welcher diese große Entdeckung geschehen seyn soll, gethan hat. Denn Doppelmayr setzet sie in das Jahr 1485. k): aber wenn Behaim seine Landkarte dem Könige Alfonsus V. wie Stüven erzählet l), überreicht hat; so muß sie etliche Jahre eher geschehen seyn: weil Alfonsus V. schon im Jahre 1481. gestorben ist. Jedoch dies ist eine Kleinigkeit, die, in Ansehung der anderen sich hiebey äusernden Schwierigkeiten, wenig in Betrachtung kömt. Eben
so

k) In der Nachricht von den Nürnbergischen Mathematicis S. 28.

l) De vero Novi Orbis Inventore Cap. V. §. p. 41.

so wenig halte ich es für nöthig zu untersu=
chen, ob Martin Behaim eine Land=
oder Seekarte von seiner Reise gemacht ha=
be, sondern will es allenfalls als bekañt
annehmen. Aber daß 1) Colon und Ma=
gellan dieselbe gesehen, und daraus so wich=
tige Nachrichten bekommen haben, muß er=
wiesen werden; und dies ist, meinem Be=
dünken nach, gar nicht geschehen. Denn
Stüven, der so zuversichtlich von Colon
sagt, daß er aus dieser Landkarte zu dem
Vorsatze veranlasset worden sey die neue
Welt zu suchen *m*), führet zum Beweise
bloß die Stelle des Riccioli an, die ich
oben eingerückt habe *n*), und worin wei=
ter nichts enthalten ist, als daß Colon ent=
weder aus eigener Einsicht, oder nach
der von Martin Bohemus oder von
Alfonsus Sauchez erhaltenen Anzeige,
auf die Schifffahrt nach Westindien ge=
dacht hätte. Diese Wörter bedeuten al=
so bey Stüven eben so viel als die fol=
genden: daß Colon eine von Behaim
verfertigte Landkarte gesehen und dar=
aus

m) Ibid. p. 42.
n) §. 2. not. c).

G 4

aus den Vorsatz gefaßt habe die darin
beschriebenen Länder der neuen Welt zu
suchen. Gewiß eine seltsame und nach einer ganz ungewöhnlichen Auslegungskunst
gemachte Erklärung! Allein ich will mich
hiebey nicht aufhalten, da ich schon vorher
gezeiget habe, daß diese Erzählung des Riccioli, man mag sie verstehen wie man wolle, gar nichts beweise o). Eben die Be-
wandniß hat es mit der aus dem Theodor
de Bry angezogenen Stelle, worin Stüven, so wie vor ihm Wagenseil und Cellarius, den Benzo sagen läßt, daß Magellan, wie erzählet würde, die von ihm
entdeckte Meerenge, auf einer von Martin Boheimus gemachten Landkarte abgezeichnet gesehen hätte p). Ich habe schon
bey diesem vermeynten Zeugnisse des Benzo, welches oben eingerückt ist q) angemerket, daß dasselbe ihn nicht zum Verfasser habe. Ueberdem aber beruhet es, wie
man aus den angezogenen Worten selbst siehet, auf einem bloßen Gerüchte, welches
einen neuen und ungewissen Ursprung hat,
und

o) S. §. 9.
p) S. §. 2.
q) S. §. 2. not. d).

und also in einem Punkte, wo ein klarer
und ungezweifelter Beweis erfordert wird,
um so viel weniger etwas entscheiden kan.
Wir können also daraus mit gar keiner Gewißheit schließen, daß Colon und Magellan die Behaimische Landkarte gesehen haben. Allein, wenn man auch zugeben
wollte, daß sie dieselbe gesehen hätten; so
bleibt nun 2) noch die Hauptfrage übrig, ob
auf derselben die neue Welt und die Magellanische Meerenge abgezeichnet gewesen
seyn. Dieses sagt Stüven als eine völlig
ausgemachte Sache, ohne den geringe-
sten andern Beweis, als die aus dem Riccioli und de Bry angeführten Zeugnisse, deren Ungültigkeit eben gezeiget worden ist.
Wagenseil beziehet sich zwar auch auf eine
von dem Johannes Natalius Metellus
erwähnte Seekarte Martin Behaims:
aber darin ist, wie er selbst saget, nur der
Ort der Moluckischen Inseln abgezeichnet
gewesen r). Es ist demnach sehr ungewiß,
was für neue Entdeckungen die Behaimische Landkarte enthalten habe: aber dieses
halte ich für höchst gewiß, daß sich in derselben,

r) S. §. 2.

G 5

selben, wenn sie ja vorhanden gewesen,
oder noch seyn sollte, keine Spur von der
neuen Welt oder der Magellanischen Meerenge gefunden haben könne. Denn da diese Landkarte entweder schon zur Zeit Königs Alfonsus V, wie Stüven schreibet s),
und also vor dem Jahre 1481, in welchem
dieser König gestorben, oder um das Jahr
1485, in welchem Behaim von seiner Reise zurückgekommen ist t), gemacht seyn
muß; so ist sie unstreitig älter, als die von
ihm in dem Jahre 1492. verfertigte Erdkugel u). Es müssen also nothwendig alle
Entdeckungen, die sich auf der Landkarte
befunden haben, auf dieser Erdkugel abgezeichnet seyn: so wie sich hingegen diejenigen,

s) Cap. V. §. V. p. 41.

t) Doppelmayr sagt zwar S. 28. daß Behaim
diese Reise im Jahre 1485. gethan habe: aber
Schedel, dessen Zeugniß er anführet, meldet,
daß er und Cano A. 1483. von dem Könige von
Portugal ausgeschickt worden sey. Da sie nun
26 Monate auf dieser Reise zugebracht haben;
so fällt ihre Zurückkunft in das Jahr 1485; und
um diese Zeit wird Behaim sonder Zweifel seine Landkarte gemacht haben.

u) Doppelmayr meldet, S. 30. ausdrücklich, daß
Behaim diese Erdkugel A. 1492. zu Nürnberg,
als er daselbst seine Anverwanten besuchte, gemacht habe.

gen, die sich auf der Erdkugel nicht befin-
den, auch nicht auf der Landkarte abgezeichnet seyn können. Gleichwie nun Stüven sich so sehr auf diese Erdkugel beruft,
und mit ausdrücklichen Worten sagt, daß
Martin Behaim auf derselben seine Reisen, nebst den Inseln und dem festen Lande
des vierten Welttheils, so wie die Magellanische Meerenge abgezeichnet hätte *v*);
also hat **Doppelmayr** uns, durch ihre heraus gegebene Abbildung, in den Stand
gesetzet zu urtheilen, wie weit dieses wahr
sey. Aber man werfe nur einen Blick auf
dieselbe, so wird man darauf zwar die A-
zorischen Inseln, welche damals die neue-
ste Entdeckung waren, aber nicht das geringste von dem vierten Welttheile finden.
Und ob gleich **Wagenseil** sagt, daß wenigstens viele dazu gehörige in dem Weltmee-
re zerstreuete Inseln darauf zu sehen wären *w*); so hat er sich doch auch hierin
geirret. Denn diese Inseln gehören zu A-
sien und Behaim zeichnet sie nach der Kentniß, die man damals von diesem Welttheile hatte, nicht weit von der östlichen Asia-
tischen

v) Cap. V. §. 6. p. 43.

w) Vid. Synopf. Hist. univ. p. 529.

tischen Küste, die er deutlich abgebildet hat.
Das Meer, in welchem sie liegen, heißt
auf seiner Erdkugel Oceanus Orientis.
Zu der größten unter denselben hat er den
Namen Cipangu gesetzet: denn so nennet
sie der durch seine im dreyzehenten Jahrhun=
derte gethane Reisen berühmte Venetia=
ner, Marcus Paulus x); und es ist
eben diejenige, die hernach den Europäern
unter dem Namen Japan bekanter gewor=
den ist.   Daraus aber erhellet offenbar,
daß Behaim hier an keine Americanische
Inseln gedacht habe.   Es ist also nicht das
geringste Merkmal von der neuen Welt auf
dieser Erdkugel vorhanden, sondern sie be=
weiset vielmehr, daß der vierte Erdtheil
unserm Martin Behaim gänzlich unbe=
kant, und folglich davon auch nichts auf
seiner Landkarte abgezeichnet gewesen sey y).
Man

x) Doppelmayr sagt S. 30. not. d).   „daß die
„ Geographie auf diesem Globo nach der Be=
„ schreibung des Ptolemaei, Plinii, Strabonis,
„ ferner nach der Relation des Marci Poli oder
„ Pauli, eines Venetianers, und Iohannis de
„ Mandeville, eines Engeländers, endlich nach
„ der eigenen grossen Experienz des Herrn Au=
„ toris angeordnet sey."

y) Man sehe des Herrn geheimen Justizrath Ge=
bauers Portugiesische Geschichte Th. 1, S. 125.
wo

Man hätte nun zwar denken sollen, daß, nach der von Doppelmayrn an das Licht gestelleten wahren Gestalt der Behaimischen Erdkugel, das Gespenste der großen Entdeckungen, die verschiedene darauf haben sehen wollen, gänzlich verschwunden seyn würde: aber dem ungeachtet hat der Verfasser der Abhandlung von den Säulen des Hercules, dem es doch etwas sehr leichtes gewesen wäre das Blendwerk zu erkennen, das Zeugniß dieser Erdkugel wiederum angeführet, und dadurch das Vorgeben, daß Martin Behaim die neue Welt zuerst gefunden, und dem Colon, so wie allen andern, die nach ihm dahin gekommen sind, den Weg gezeiget habe, von neuem wiederhofet z).

§. 11.

Da Stüven, der sich mit größerem Fleiße und Eifer, als andere, bemühet hat die Ehre dieser Entdeckung dem Admiral Colon zu nehmen, und sie Behaimen zuzueignen, dieses durch keine klare und unzwei-

wo er insbesondere anmerket, daß aus Behaims Erdkugel seine Entdeckung der neuen Welt nicht zu beweisen sey.

z) Dissert. de Columnis Herculis §. XIII. p. 34.

zweifelhafte Zeugniſſe zeitverwanter Geſchichtſchreiber zu thun vermag; ſo nimt er
ſeine Zuflucht zu künſtlichen Beweisgrün-
den, welche wir, ob ſie gleich nicht von
der Art ſind, daß ſie dieſe Mühe verdiene-
ten, dennoch deswegen betrachten und un-
terſuchen müſſen, weil dieſer Schriftſteller,
noch zu unſern Zeiten, als ein Gewährs-
mann, der ſeinem Gegenſtande völlig ein
Genügen gethan hätte, angezogen wird a).
Sie laufen überhaupt auf dieſen Satz hinaus: Colon hat vor ſeiner erſten Reiſe
nach dem vierten Welttheile, ſchon eine ſehr gewiſſe Nachricht davon gehabt.
Und hieraus wird hernach durch einen ge-
waltigen Sprung ein anderer gefolgert:
Alſo hat er dieſelbe von Martin Behaimen, und aus deſſen Landkarte, bekommen.   Daß nun Colon dieſe gewiſſe
Nachricht gehabt habe, ſucht Stüven mit
den Zeugniſſen der Geſchichtſchreiber zu beweiſen.   Er führet eine weitlauftige Stelle
aus des Franciſco Lopez de Gomara
Indianiſcher Geſchichte an, worin er-
zäh-

---

a) Vid. IO. SIGISM. FURERI Oratio de Martino
Bohemo, in Muſeo Norico p. 396. Popowitſch
Unterſuch. von dem Meere 1. Th. S. 33.

zählet wird, „ daß ein gewisser Schiffer
„ durch den Ostwind in ganz unbekannte
„ Länder getrieben worden; daß er, nach=
„ dem er von dannen nur mit drey oder
„ vier Schiffleuten nach Spanien zu=
„ rück gekommen, in dem Hafen selbst ge=
„ storben wäre, und daß man seinen Na=
„ men und sein Vaterland nicht wüßte.
„ Daß einige ihn für einen Andalusier,
„ andere für einen Biscayer, und noch
„ andere für einen Portugiesen ausgege=
„ ben hätten; daß er nach einigen in Por=
„ tugall, nach andern in Madera, oder
„ einer der Canarischen Inseln gelandet
„ wäre; daß jedoch Niemand hievon etwas
„ gewisses und unzweifelhaftes sagte; aber
„ daß alle in diesem einzigen Umstande ü=
„ bereinstimmeten, daß dieser Schiffer bey
„ Christoph Colon gestorben, und ihm
„ also sein Tagebuch und Schriften und
„ darunter eine Nachricht von dieser lang=
„ wierigen Schifffahrt, nebst der Anzeige
„ des Grades der Länge und Breite, wor=
„ in die von ihm entdeckte Küste läge, in
„ die Hände gefallen wären b).”   Nach=
                                     dem

b) STÜVEN Cap. VI. §. 1. p. 44. 45. Die Stelle
   selbst findet man in des FRANCISCO LOPEZ
                                         DE

dem Stüven diese Stelle des Gomara
wörtlich angeführet hat, so ruft er aus:
So ist es! fast alle Geschichtschreiber
stimmen darin überein, daß Colon von
einem Schiffer seine Nachricht von der
neuen Welt, ihrer Lage und ihrem
Himmelsstriche ꝛc. bekommen habe.
Allein, er verstehet hier den Gomara entweder gar nicht, oder wenigstens sehr unrecht.
Denn dieser redet nicht von Geschichtschreibern, sondern bloß von denen, welche die
Sage von dem Schiffer verschiedentlich er-
zähleten, und endlich in dem erwähnten
einzigen Umstande überein stimmeten. Benzo, aus welchem Stüven diese Worte
des Gomara abgeschrieben, hätte ihn leicht
belehren können, wie wenig auf diese Sage zu bauen sey c). Ein anderer und älte-
rer Spanischer Geschichtschreiber, Gonzalo Hernandez de Oviedo, erklärt sie für
ein Mährchen des gemeinen Volkes, und
hält

DE GOMARA Historia de las Indias Part. I. fol.
10. a. Stüven aber hat sie aus HIERON. BEN-
ZONIS Nova Novi Orbis Historia, Lib. I. Cap.
V. p. 18. 19. abgeschrieben, wo sie von dem
Herausgeber dieses Italienischen Schriftstellers
Urban Chauveton lateinisch übersetzt, eingerückt
worden.

c) BENZO in lib. cit. p. 21, 22.

hält sie für falsch *d*); und Mariana auf
den, unter andern, sich Stüben auch be=
ruft, führet sie als ein bloßes Gerüchte
an, und entscheidet darin nichts *e*). Stü=
ven aber macht davon einen zu seiner Ab=
sicht sehr vortheilhaften Gebrauch, und
folgert daraus ohne Bedenken, daß
der gedachte Schiffer Martin Behaim,
ein Deutscher aus Nürnberg, gewesen
sey *f*). Dieß muß ihm, da es sich aus
den angeführten Worten des Gomara auf
keine Weise schließen läßt, durch eine Er=
scheinung oder Begeisterung offenbaret wor=
den seyn. Allein ich sehe nicht, wie er den
Hauptumstand, in welchem Colon die=
ses Schiffers Nachrichten bekommen ha=
ben soll, nemlich daß derselbe in Colons
Hause gestorben sey, bey Behaimen an=
bringen könne. Denn dieser hat zween
Monate länger als Colon gelebet *g*).
                                     Wenn

d) Oviedo en la Historia general de las Indias.
Lib. II. Cap. II. fol. 3. a.

e) Mariana en la Historia general de España,
Lib. XXVI. Cap. 3.

f) Cap. VI. §. 1-3. p. 46.

g) Doppelmayr meldet S. 32, daß Behaim den
29. Jul. 1506. gestorben sey. Der Admiral Co=

Wenn also dieser Umstand, welchen Gomara als den wesentlichsten angiebt, weil darin alle Erzählungen überein kämen, so wohl bey dem einen als dem andern unmöglich ist; so muß die Geschichte, in so weit sie diese beyde Personen betrifft, nothwendig ein Mährchen seyn, und folglich kañ Colon, auf diese Weise, keine Nachrichten von der neuen Welt von Behaimen empfangen haben.

§. 12.

Dieses ist jedoch bey Stüven eine erwiesene Wahrheit. Denn nachdem er den gedachten Schiffer mit einer poetischen Freyheit in Martin Behaimen verwandelt hat; so ist es ihm leicht, hieraus noch andere Folgen zu ziehen, die er für dienlich hält, um seinen Einfällen einen Schein zu geben. Er sagt also, daß Colon, vor seiner Ankunft in Portugal und daselbst aus Behaims Landkarte erlangtem Unterrichte, nichts von der neuen Welt gewust, und aus dieser Ursache dem Könige von Portugal, und nicht seinen

lon starb den 20ten May dieses Jahres, und also zween Monate früher. Life of Columbus Ch. CVIII. p. 658.

nen Landesleuten, den **Genuesern**, den Antrag sie zu suchen zuerst gethan hätte *h*). Er beruft sich hiebey wieder auf den **Gomara**, dessen Worte er aus dem **Benzo**, wie zuvor anführet *i*), und will das Zeugniß **Peter Martyrs**, des ältesten Schriftstellers, der von der neuen Welt geschrieben hat, und welcher erzählet, daß **Colon** sich allerdings bey den **Genuesern** gemeldet, aber von ihnen eine abschlägige Antwort bekommen habe *k*), nicht gelten lassen. Ob man ihm nun gleich hierin den berühmten Spanische Geschichtschreiber **Herrera** *l*), nebst andern, entgegen stellen könte; so glaube ich doch, daß auf diesen Umstand sehr wenig ankomme, und will es gern zugeben, daß **Colon**, der sich lange in **Portugal** aufgehalten, dem Prinzen, in dessen Staaten er lebete, sein Vorhaben zuerst eröffnet habe. Jedoch hat er nicht dem Könige **Alfonsus** V, wie **Stüven** sagt, sondern dessen Sohne, **Johann** II. seine Dienste

zu

h) STÜVEN Cap. VI. §. 2. 3. p. 46. 47.
i) Vid. BENZO Lib. I. Cap. V. p. 21.
k) Apud BENZON. l. c.
l) HERRERA Dec. I. Lib. I. Cap. VII. p. 14.

H 2

zu dieser Entdeckung angeboten *m*). Allein, ganz unrichtig ist, was Stüven
hinzu füget, daß er dieses deswegen gethan, weil er gewiß geglaubet, daß dem
Könige Behaims Entdeckungen schon be-
kaňt gewesen wären, und daher gehoffet
hätte, daß derselbe ihm sein Gesuch desto
leichter bewilligen würde *n*). Das Gegentheil ist weit wahrscheinlicher, weil
Colon, wenn er dies geglaubet hätte,
dadurch vielmehr abgehalten worden seyn
würde, einen Vorschlag, von dessen Aus-
führung er sich keine große Ehre verspre-
chen koňte, zu wagen. Daß aber König
Johann II. von den Ländern, welche Colon zu entdecken versprach, die vorgegebe-
ne Nachrichten nicht gehabt habe, ist daraus klar, daß er die Sache von zween in
der Erdbeschreibung erfahrnen Männern,
welche dieses Königs Lebensbeschreiber, der
Marquis von Alegrete, Joseph und Ro-
derich nennet, untersuchen ließ, und wie
diese sie mißbilligten, solche den Großen des
Königreichs zur Erwägung vorlegte. Da
aber auch diese dieselbe als ungewiß und miß-
lich

m) EMMAN. TELLESIVS de rebus gestis Ioannis
   II. p. 135.

n) STÜVEN V. Cap. VI. §. 2. p. 46.

lich verwarfen, und dagegen die Schiff=
fahrt nach Ostindien als etwas weit gewis=
seres und vortheilhafteres anpriesen; so
ward Colon mit seinem Antrage schlechter=
dings abgewiesen o). Würde nun diese
Untersuchung, wenn der König von Be=
haimen schon solche Nachrichten von den
unentdeckten westlichen Ländern gehabt hät=
te, wohl nöthig gewesen seyn, und wür=
de man wohl in Portugal unterdessen, da
man mit Colon in Unterhandlung stund,
und sich einbildete, daß man ihm einen
Theil seines Geheimnisses abgelocket hätte,
für rathsam gehalten haben, heimlich und
ohne sein Wissen, ein Schiff westwärts aus=
zuschicken, und einen wiewol vergeblichen
Versuch zu thun, ob dort etwas zu finden
wäre? Dieser Kunstgriff ist jedoch gebraucht
worden p), und alles dieses ist ein genug=
samer Beweis, daß König Johann II.
von Behaimen keine die neue Welt be=
treffende Nachrichten bekommen, und daß
also Colon von diesem Seemanne eben so
wenig etwas davon erfahren habe.

§. 13.

o) RMMAN. TELLESIVS de rebus gestis Ioannis
   II. p. 135-139.
p) Life of Columbus Ch. XI. p. 574.

H 3

§. 13.

Dieses will indessen **Stüven** auch aus
Colons ungemeiner Standhaftigkeit erwei=
sen, mit welcher er so viele Jahre in Spa=
nien sich den königlichen Beystand zu sei=
ner Entdeckung zu verschaffen gesucht hatte.
Denn die Ursache dieser Standhaftigkeit
findet er in der Gewißheit, die Colon aus
Behaims Landkarte erlanget, und die
ihm zu seiner Unternehmung Muth gemacht
haben soll *q).* Aber gleichwie alle Entdek=
kungen, die in dieser Landkarte befindlich
seyn sollen, nichts als Erscheinungen einer
mit Vorurtheilen eingenommenen Einbil=
dungskraft sind *r*); also verdienen sie kei=
ne größere Betrachtung als der Wind,
woraus **Colon** das Daseyn eines großen
unbekannten Landes in Westen geschlossen
haben soll, und gegen welchen **Stüven** so
eifrig und mit so grossen Zurüstungen
ficht *rr*), auch endlich den kühnen Ausspruch
thut,

q) STÜVEN Cap. VI. 7. 4. p. 50.

r) S. §. 10. wo dieses deutlich gezeiget ist.

rr) Er führet Cap. VI. §. 5. p. 53-56. einen gan=
zen Schwarm von Schriftstellern an, aus de=
ren Zeugnissen er zu beweisen sucht, daß die Win=
de aus dem Wasser und nicht aus der Erde ent=
stehen.

thut, Colon habe dieses bloß vorgegeben,
damit er Behaims Ruhm unterdrücken,
und sich allein die ganze Ehre der Entdek-
kung des vierten Welttheils zueignen
könte s)

§. 14.

Allein, wenn es gleich wahr wäre, daß
Colon, wie erzählet wird, aus einigen zu
gewissen Zeiten des Jahres beständig wehen-
den westlichen Winden ein Kennzeichen genommen hätte, daß jenseit des Atlantischen
Meeres Land liegen müsse; so werden doch
außerdem andere wichtige Gründe, die er
zu dieser Muthmassung gehabt hat, von
den Geschichtschreibern angeführet. Als
ein in der Erdbeschreibung und Sternkunde erfahrner Mann wußte er 1), daß die
Erde eine Kugel sey, von welcher er, zwischen den damals bekanten äußersten Grenzen Asiens und den Azorischen und Cabo-
verdischen Inseln, als den bekannten äus-
sersten westlichen Grenzen, noch ein großes
Stück unentdeckt zu seyn glaubete.   Er hatte 2) aus den Erzählungen verschiedener
Schiffleute gehöret, daß in dem Atlantischen
Meere, 540. Seemeilen westwärts von Cabo

s) STÜVEN Cap. VI. §. 5. p. 56.

bo St. Vincent, künstlich aber nicht mit
Eisen gearbeitete Stücken Holz, imgleichen
sehr grosses Rohr und Tannen, bey westlichen Winden in der See treibend gefunden, und einmal zween todte Körper mit
sehr breiten Gesichtern in einer der Azorischen Inseln an das Land geworfen worden
wären. Hieraus schloß er, daß alle diese
Dinge aus einem westlichen Lande herge-
kommen seyn müßten, da etwas ihnen ähn-
liches in den damals bekanten Ländern
nicht zu sehen war. Hiezu kamen 3) die
Nachrichten, welche er aus gelehrter Leute,
und besonders der Erdbeschreiber, Schriften
bekommen, und vornemlich dasjenige, was
der Florentinische Arzt Paulus, mit dem
er schon im Jahre 1474, und also lange
vor seiner ersten Reise, wegen Entdeckung
der unbekannten westlichen Länder, im Brief-
wechsel stund, an ihn geschrieben hatte;
obgleich dieser sonst die richtigsten Begriffe
von der Sache nicht, gehabt haben mag,
weil er glaubete daß das erste Land welches
man entdecken würde, Cuthay oder Chi-
na und das Reich des grossen Chams seyn
würde). Man siehet hieraus, daß Colon
ziem-

s) Life of Columbus Ch. VI. VIII. p. 565-568. HER-
RERA Dec. 1. Lib. I. Cap. II. p. 3. 4.

ziemlich wahrscheinliche Anzeigen und Grün=
de gehabt habe, die ihn zu seiner Unterneh=
mung bewegen konten; und es ist daher un=
billig mit Stüven zu sagen, daß er aus
Neid gegen Behaim, und um ihm den
Ruhm seiner Entdeckungen zu nehmen, ei=
ne falsche Ursache, wodurch er zu der Muth=
maßung von unbekanten Ländern in Westen
veranlasset worden sey, nemlich den Wind,
angegeben habe.

§. 15.

Dieser ist dem Erfinder der neuen Welt auf
seiner ersten Reise, die er dahin aus so guten
und in der Natur der Dinge selbst gegründe=
ten Ursachen gewaget hat, in der That so weit
günstig gewesen, daß er dieselbe in einer ziem=
lich kurzen Zeit und mit glücklichem Erfolge
verrichtet hat.   Aber hieraus nimt Stüven
einen neuen Beweisgrund wider ihn.   Er
sagt, daß, da Colon in der kurzen Zeit
von drey und dreyßig Tagen, und auf dem
geradesten Wege, den noch jetzo die Spa=
nier hielten, zu den von ihm entdeckten In=
seln gekommen wäre, dieses keinem bloßen
Zufalle zugeschrieben werden könte, sondern
daß er von den Ländern, die er suchte, gu=
te und gewisse Nachrichten gehabt, und die=

J   selben

selben folglich aus Behaims Landkarte bekommen hätte u). Man könnte hiebey erst
fragen, ob Colon, auf dem geradesten Wege, seine Reise nach den von ihm entdeckten
Inseln der neuen Welt verrichtet habe, und
ob die Spanier noch iho, in ihrer Schifffahrt dahin, eben denselben Lauf halten? Es
ist dieses, da Stüven es bloß auf sein eigenes
Zeugniß sagt, noch zweifelhaft, und er hat
kein Recht daraus zu schließen, daß Colon
von der neuen Welt, ehe er sie entdeckte, so
gewisse Nachrichten gehabt, und am wenigsten,
daß er sie von Behaimen bekommen habe.
Er hatte, wie wir eben gesehen haben, von
derselben zwar überhaupt, und in soweit eine
Kentniß, daß er glaubete, er müßte sie in Westen suchen. Aber es war schlechterdings ein
Zufall, daß er, als er sie suchte, einen südwest-
lichen Lauf hielte, und mittelst desselben die
Lucayischen Inseln zuerst entdeckte. Hätte
er die Lage des vierten Welttheils aus einer
Landkarte gekant; so würde er vielleicht west-
oder nordwestwärts gesegelt seyn, und ihn also auf einem noch geradern Wege, wiewohl
in einer andern Gegend, gefunden haben.
Was Stüven endlich hier, und so oft vorher von Behaims Landkarte sagt, ist schon
wi-

u) STÜVEN Cap. VI. §. 6. 7. p. 56-60.

widerlegt, und widerlegt sich von selbst,
weil es unmöglich ist aus einer Landkarte,
worin keine neue Entdeckungen sind, die=
selben zu lernen. Wir müssen also aus diesem
allen einen Schluß machen, der Stüvens sei=
nem *v*) ganz entgegen gesetzt ist, und beken=
nen, daß Martin Behaimen die Ehre der
ersten Entdeckung der neuen Welt von
Rechtswegen nicht zukomme, und daß sie dem
Admiral Colon nicht genommen werden
könne.

§. 16.

Wenn wir indessen den Ursprung und den
Verlauf dieser Streitsache betrachten, so fin=
den wir darin ein klares Beyspiel, wie leicht
es sey ein Mährchen für eine historische Wahr=
heit anzunehmen und auszugeben. So vie=
le gelehrte Männer haben dieses in Behaims
Sache gethan, aber keiner mit einer größern
Kühnheit, als Stüven. Man sollte ihn eher
für einen Dichter, als für einen Kunstrichter,
der eine zweifelhafte Begebenheit untersuchen
und aufklären will, ansehen. Denn er erfin=
det alle zum Ruhme seines Helden dienende
Umstände nach eigenem Gefallen, und beruft
sich, um das Blendwerk vollkommen zu ma=
chen,

v) Ibid. §. 8 p. 61.

J 2

chen, auf die Urkunden des Nürnbergischen
Archivs, mit den bestimtesten Ausdrücken,
aus welchen man schließen sollte, daß er sie
selbst gesehen hätte: da er doch in der That
Wagenseilen nur dasjenige nachschreibet,
was dieser, allem Ansehen nach, davon zu mil=
de geschrieben hat. Man muß sich also in der
That verwundern, wie aus einer wahren Klei=
nigkeit, dergleichen die ungewissen und mit
so zweifelhaften Worten vorgetragenen Er=
zählungen in des Riccioli und de Bry Wer=
ken sind, eine so große Historie entstanden
sey, und wie eine Landkarte, auf welcher,
wenn sie jemals gewesen ist, sich gewiß keine
Spur von dem vierten Welttheile befunden
hat, dem Erfinder desselben den ersten Gedan=
ken zu seiner Entdeckung beygebracht, und
ihm den Weg dahin gezeiget haben soll. Aber
so groß ist die Macht der Vorurtheile, daß das=
jenige, was im Anfange eine zweifelhafte und
wenig wahrscheinliche Geschichte war, die
Niemand einer Betrachtung würdig achtete,
zuletzt durch die Länge der Zeit, und durch die
oftmalige Wiederholung und Beystimmung
einiger Gelehrten, eine Art der Gewißheit, ja
gleichsam das Siegel der Wahrheit empfan=
gen hat. Denn davon müssen diejenigen sich
wenigstens versichert halten, welche noch in
un=

unsern Tagen im Ernste behaupten wollen,
daß Behaim der erste Erfinder der neuen
Welt gewesen sey, und daß sie billig von
ihm den Namen führen sollte w).

§. 17.

Ich hoffe, man werde aus dem vorhergehenden genugsam überzeuget seyn, wie wenig
Grund und Recht man hiezu habe; und eine
kurze Anmerkung, die ich hier beyfügen will,
wird dieses noch mehr bestärken. Wofern es
wahr wäre, daß Martin Behaim die Inseln
und das feste Land der neuen Welt entdecket
und davon dem Könige von Portugal Nachricht gegeben hätte; so würden sonder Zweifel
die Portugiesen, bey denen damals der Trieb
durch die Schifffahrt neue Länder zu finden,
mehr als bey einem andern Volke in Europa
herrschete, sich dieses auf das beste zu Nutze gemacht; Behaim selbst würde sein angefange-
nes Werk nicht unvollkommen gelassen, sondern es durch seinen Rath und Vorschläge be-
fördert, und König Johann II, der sich mit
nichts so sehr, als mit Sachen von dieser Art,
beschäftigte, würde nicht versäumet haben
diese Länder und Inseln in Besitz zu nehmen.
Aber

w) Vid. FVKERI Oratio de Martino Bohemo, in
Museo Norico p. 396.

J 3

Aber da man in Portugal nicht den gering=
sten Begriff von westlichen unbekanten Län=
dern hatte, welches daraus offenbar genug
erhellet, daß, wie Christoph Colon den An=
trag zu deren Entdeckung that, er damit gar
kein Gehör fand; so folget hieraus unleugbar,
daß Martin Behaim nichts von dem vier=
ten Welttheile gewust, und folglich Nieman=
den davon Nachricht gegeben habe. Nachdem
Colon seine erste Reise dahin gethan hatte; so
schmerzete es den König von Portugal nicht
wenig, daß er seine Vorschläge verachtet, und
eine so schöne Gelegenheit das Eigenthum
dieser nunmehr entdeckten reichen und herrli=
chen Länder zu erwerben aus den Händen
hatte entwischen lassen. Er gab auch Befehle
eine Flotte auszurüsten, und machte Mine,
daß er von denenselben mit Gewalt Besitz neh=
men wolte *x*): allein man findet nicht, daß
er ein aus der ersten Entdeckung, wie Be=
haims seine gewesen seyn würde, ihm zustän=
diges Recht für sich angeführet habe; son=
dern als die Könige Ferdinand und Isabel=
la von Spanien im Jahre 1493, nach Co=
lons Zurückkunft von seiner ersten Reise, von
dem

---

x) HERRERA Dec. I. Lib. II. Cap. V. p. 54. EM-
MANUEL TELLESIVS de rebus gestis Ioannis II.
p. 243 - 245.

dem Pabste Alexander VI. die berühmte
Bulle, worin er ihnen alle westlichen unent=
deckten Länder schenkete, ausgewirket hatten,
setzte König Johann II. derselben nur eine äl=
tere von dem Pabste Eugenius IV. den Por=
tugiesen gethane Schenkung entgegen y).
Würde er nun wohl in dieser Streitigkeit, wel=
che so weitläuftige Unterhandlungen mit dem
Spanischen Hofe veranlaßt hat, und endlich
durch den bekanten Vergleich zu Tordesillas
beygeleget worden ist z), Behaims Entdek=
kungen, wenn sie wahr, und sogar auf einer
Landkarte abgezeichnet gewesen wären, als ei=
nen bey seinen Ansprüchen so sehr wichtigen
Umstand unerwähnt gelassen haben? Ja wür=
de Behaim selbst, da Colons neuerfundene
Welt die allgemeine Verwunderung erregte,
und ihn überall berühmt machte, sich nicht ge=
reget, und wenigstens einen Theil dieser aus=
nehmend großen Ehre als sein Recht gefor=
dert haben, wofern er auf irgend eine Weise,
es sey durch eine Landkarte, oder durch ande=
re Nachrichten, demjenigen, der diese wichtige
Entdeckung that, den Weg gezeiget hätte?
Allein

y) 10. MARIANAE Hist. de reb. Hispan. Lib. XXVI.
Cap. 3.

z) MANUEL DE FARIA Y SOUSA in Europa Por-
tuguesa Tom. II. Part. III. Cap. IV. n. 82, 83.
p. 462, 463.

Allein, er hat, ob er gleich den Admiral Colon überlebte, keinen Schritt gethan, um diesem die Ehre seiner Entdeckung zu entziehen oder auch nur streitig zu machen. Laßt uns demnach wenigstens so bescheiden seyn, als Behaim selbst gewesen ist, und für ihn keinen Ruhm suchen, den er selbst nicht gesucht hat. Americus Vespucci, dessen Namen Eitelkeit und Betrug dem vierten Welttheile angeheftet hat, ist deswegen von den Spaniern und Franzosen verurtheilet, und dieser Ehre unwürdig erkläret worden. Was würden diese und andere Nationen dazu sagen, wenn wir Deutschen einen andern, der eben so wenig Recht, als Americus, dazu hat, an seine Stelle setzen wollten? Der wirkliche Verlauf der Begebenheiten und der Augenschein lassen uns keinen glücklichen Erfolg von einer solchen Unternehmung hoffen, wofern wir uns nicht durch Leidenschaften und eine allzuparteyische Liebe des Vaterlandes dahin reißen lassen. Allein, wir müssen hiebey bedenken, daß wir dem Vaterlande viel, der Wahrheit noch mehr schuldig sind, und daß die Pflichten gegen jenes nur alsdenn erfüllet werden, wenn dadurch die Ehrerbietung gegen diese nicht verletzet wird.